徐旭 郭迪明 著

攻坚之路

湖北工建70年发展历程研究（1950—2020）

丛书主编 谭刚毅 郭迪明

湖北省工业建筑集团有限公司企业史丛书

华中科技大学出版社
http://press.hust.edu.cn
中国·武汉

图书在版编目（CIP）数据

攻坚之路：湖北工建70年发展历程研究：1950—2020/徐旭，郭迪明著. —武汉：华中科技大学出版社，2023.12
ISBN 978-7-5772-0441-3

Ⅰ.①攻… Ⅱ.①徐… ②郭… Ⅲ.①工业建筑-建筑企业-概况-湖北-1950-2020 Ⅳ.①F426.9

中国国家版本馆CIP数据核字（2024）第035225号

攻坚之路——湖北工建70年发展历程研究（1950—2020） 徐 旭 郭迪明 著
Gongjian Zhilu——Hubei Gongjian 70-nian Fazhan Licheng Yanjiu（1950—2020）

策划编辑：易彩萍	
责任编辑：简晓思	
封面设计：黄 潇	
责任监印：朱 玢	
出版发行：华中科技大学出版社（中国•武汉）	电话：（027）81321913
武汉市东湖新技术开发区华工科技园	邮编：430223
录　　排：华中科技大学出版社美编室	
印　　刷：湖北金港彩印有限公司	
开　　本：710mm×1000mm　1/16	
印　　张：11　插页：1	
字　　数：200千字	
版　　次：2023年12月第1版第1次印刷	
定　　价：68.00元	

本书若有印装质量问题，请向出版社营销中心调换
全国免费服务热线：400-6679-118　竭诚为您服务
版权所有　侵权必究

《湖北省工业建筑集团有限公司企业史丛书》
编委会

丛书主编：

谭刚毅　华中科技大学建筑与城市规划学院

郭迪明　湖北省工业建筑集团有限公司

编　委（按姓氏笔画排序）：

马小凤　方　卿　尹菁华　吕　珂　吕洁蕊

朱国强　向延昆　刘久明　李传宝　李保元

杨振华　耿旭初　徐　旭　徐利权　高亦卓

郭迪明　曹筱袤　谭刚毅　潘保山　魏　巍

前 言

本书围绕"湖北工建"的发展历程分为三大部分展开系统的论述。

第一部分为"引言"。这一部分首先介绍了"湖北工建"在70年风雨兼程中始终坚持传承红色基因、发扬铁军精神的所作所为,其次又简要回溯了"湖北工建"在其改革历程中所取得的巨大成就,最后总结出"湖北工建"在改革历程中形成的宝贵经验。

第二部分是主体,包括第一章至第四章。其中,第一章立足于中华人民共和国初建而百废待兴的时代大背景,主要追溯"湖北工建"的最早前身,呈现"湖北工建"的悠久历史。首先,爬梳"湖北工建"的最早前身——"华建"的诞生及其在1950年至1969年的发展、奋斗历程。随后,展现这一时期老革命出身的优秀"华建"领导者的光辉建设事迹。之后,论述了这一时期企业党委以及群团组织对企业发挥的重要作用。最后,指出"华建"对"湖北工建"后来的发展具有承前启后的影响。

第二章立足于"三线建设"的特殊时代背景,主要探讨"湖北工建"的直接前身,揭示"湖北工建"的光荣传统。首先,概述"湖北工建"的直接前身——"建筑工程部102工程指挥部"(1969—1972)及其承继单位——"湖北省革命委员会基本建设委员会第一建筑工程局"(1972—1975)、"湖北省第一建筑工程局"(1975—1984)的组建、嬗变过程,显现其扎根湖北十堰建设"第二汽车制造厂"的艰苦奋斗历程。其次,一方面着重盘点了这一时期的榜样人物和典型集体的先进事迹,另一方面又详细介绍了这一时期企业党委的坚定领导和群团组织的群策群力共同发挥重要的意识形态引领作用,从而提高职工的思想境界,同时又竭尽所能地丰富职工的业余生活。最后,指出"湖北工建"的先辈们在这段扎根十堰深山老林进行艰苦奋斗的时期,实现了从筚路蓝缕到铸就辉煌的升华,并为后来的"湖北工建"留下了影响深远而独具特色的企业精神。

第三章立足于改革开放的新时期,专研总部搬迁至襄樊(今襄阳)后的"湖北工建",主要回顾"湖北工建"的体制改革,展现"湖北工建"的涅槃重生。首先，简述"湖北工建"历经曲折的改革创新历程，及其由"湖北省第一建筑工程局"至"湖北省工业建筑总公司"（1984—1996）、"湖北省工业建筑总承包集团公司"（1996—2006）的嬗变。其中，"湖北省工业建筑总公司"恰恰是"湖北工建"历史上首次可以真正简称为"湖北工建"的企业。接着，指出这一时期的"湖北工建"虽历经改革的艰难困厄，却依旧涌现出了许多先进模范，尤其是朝气蓬勃的青年职工，并且创造出了不少精品杰作。之后，阐释企业党委在这一时期适时转变领导方式，在抓好思想政治工作和职工队伍建设的同时，切实服务企业的生产经营。最后，指出"湖北工建"在总部驻扎襄樊（今襄阳）时期矢志改革、披荆斩棘，探索企业生存、发展的新道路，并卓有成效。

第四章立足于21世纪开启后社会主义进入新时代的新近时期，专研总部搬迁至武汉后的"湖北工建"，主要回眸"湖北工建"的深化改革，显现"湖北工建"的世纪宏图。首先，概论"湖北工建"锐意进取的深化改革实践，及其由"湖北省工业建筑总承包集团公司"至"湖北省工业建筑集团有限公司"（2006—2020）的嬗变。接着，点出这一时期的"湖北工建"稳步推进发展，逐步拓展业务，在以精工铸精品而争创经济效益的同时，还以挺身敢担当而肩负社会责任。之后，论说企业党委继续完善组织制度，把坚持党的领导、加强党的建设始终贯彻企业发展的全过程，同时着力推动企业持续快速发展。最后，指出"湖北工建"在总部驻扎武汉时期意气风发、自信满满地踏上新世纪、新时代的新征程。

本书的第三部分为"结语"，主要提出并阐发"湖北工建"的攻坚精神——"102精神"。"102精神"与"三线精神"同中有异，因其凝结着"湖北工建"的先辈们这一特殊群体的特殊奋斗经历，本部分凝练出特殊的"102精神"，并揭示其时代内涵、梦想意蕴和当下发展。

目 录

引言 / 001
  第一节　红色基因传久远 / 003
  第二节　烈火淬炼谱华章 / 006
  第三节　成功经验育新篇 / 006

第一章　战地英雄誉　华北建筑旅（1950—1969） / 009
  第一节　建筑铁军耀华北 / 010
  第二节　红色尖兵忙建设 / 017
  第三节　领航党旗聚人心 / 021
  第四节　承前启后展锋芒 / 028

第二章　三线忙建设　十堰奏凯歌（1969—1981） / 031
  第一节　深山老林创车城 / 032
  第二节　好人好马上三线 / 039
  第三节　党聚群团励奋斗 / 051
  第四节　筚路蓝缕换天地 / 057

第三章　改革催风雷　襄樊苦求索（1981—2002） / 061
  第一节　改辙易途整旗鼓 / 062
  第二节　杰出典范创精品 / 070
  第三节　党建引领强思想 / 075
  第四节　披荆斩棘觅新途 / 077

第四章　世纪启新篇　武汉展宏图（2002—2020） / 081
  第一节　鼎新图强兴大业 / 082
  第二节　效益责任宜兼顾 / 098

第三节　党旗招展新时代 / 106
第四节　扬帆启航踏征程 / 109

结语 / 115
第一节　"102精神"的时代内涵 / 116
第二节　"102精神"的梦想意蕴 / 123
第三节　"102精神"的当下发展 / 128

附录　"湖北工建"下辖部分单位嬗变源流 / 135

参考文献 / 162

后记 / 165

102之歌 / 167

湖北工建历史沿革图 / 169

引 言

伟大的精神由伟大的时代孕育，而伟大的时代又由伟大的人民创造。

"三线建设"[①] 是20世纪60年代中共中央鉴于当时严峻险恶的国际环境和逐步繁荣的国内经济社会形势，作出的一项具有深远意义、重大而关键的决策。在时间上，它历经约17年。在地域上，"大三线建设"覆盖了13个省、市、自治区，而"小三线建设"更是遍及全国。中、西部地区尤其是西部地区的一大批厂矿企业、科研院所、学校等，就是在这一段时期历史性地从无到有发展起来的。"三线建设"战略的成功实施，极大地震慑了敌对势力，保卫了国家安全，同时也改变了我国极不科学合理的经济及人口布局，从而促进了中、西部地区的跨越式发展，并为我国的改革开放战略和中国特色社会主义事业的高歌猛进打下了无比雄厚的物质、技术和人才基础。此外，"三线建设"者在"三线建设"岁月中形成了伟大的"三线精神"，包括但不限于"先生产后生活的忠诚奉献精神""不辞辛劳的顽强拼搏精神""攻坚克难的开拓进取精神""共克时艰的团结协作精神"等。毋庸讳言，"三线精神"已成为新时代中华民族的宝贵精神财富。

---

① 三线建设：在20世纪60年代初，中共中央根据中国各地区战略位置的不同，将其分为一线、二线、三线。一线是沿海和边疆地区；二线是介于一线和三线的地区；三线包括京广线以西、甘肃省乌鞘岭以东和山西省雁门关以南、贵州省南岭以北的广大地区，具体包括四川省、云南省、贵州省、青海省和陕西省的全部地区，山西省、甘肃省、宁夏回族自治区的大部分地区和豫西、鄂西、湘西、冀西、桂西北、粤北等地区。"三线建设"包括"大三线建设"和"小三线建设"。"大三线建设"是"三线建设"的主要部分，其建设内容是建立以国防工业和基础工业为主体，包括交通运输、邮电通信、燃料动力和农业、轻工业在内的中国国家战略后方基地。"小三线建设"是指在各省、直辖市、自治区的战略后方地区建立以迫击炮、火箭筒、无坐力炮、步枪、机枪、冲锋枪及其弹药和地雷、手榴弹等轻武器生产厂为主，包括为武器配套的工业、交通运输业和邮电通信等在内的地区后方基地。

第一节　红色基因传久远

当时出于保密需要，将位于湖北十堰①的"第二汽车制造厂"②命名为"红卫厂"，由建筑工程部102工程指挥部（以下简称"102"，其中"建筑工程部"简称"建工部"）负责建设。"102"建设者不忘初心、牢记使命，谱写了中国历史甚至世界史上一篇惊心动魄、感天动地的乐章。面对有限的资源环境，"102"建设者人拉肩扛运设备、开山辟路建厂房，在生活上不图享受、不怕吃苦，在工作上默默付出、不求回报，从而谱写出忠诚奉献的华章。在艰苦的条件下，"102"建设者从不懈怠工作，反而发扬了革命乐观主义精神和英雄主义精神，顽强拼搏在"二汽"建设一线。在一穷二白建设"二汽"的过程中，"102"建设者不断遭遇技术难题、工程难题、设备难题，又不断地凭借聪明才智攻坚克难，解决一个又一个难题，彰显出开拓进取、锐意创新的精神。在建设"二汽"的过程中，从"102"的领导、普通职工到家属乃至当地人民都相爱有加、互帮互助、共同劳作，充分彰显出那个年代共克时艰、团结协作的精神。

志向和热爱是伟大行为的双翼。"102"建设者以为国家奉献、为人民服务为无上光荣，他们面对困难永不退缩，竭尽全力、不计得失，生命不息、奋斗不止，完成了一项又一项看似不可能完成的任务，作出了一个又一个后人难以想象的贡献，从而为后人留下了宝贵的"102精神"。

---

① 十堰：现为湖北省地级市，别称"车城""中国卡车之都"。中华人民共和国成立之际，十堰地域各县隶属两郧地委、专署（辖郧县、郧西县、均县、竹山县、竹溪县、房县六县），而两郧地委、专署则于1950年1月隶属刚成立的陕西省。2月，两郧地区划归湖北省，并改称郧阳专署。1952年12月，郧阳专署被撤而划入襄阳专署。1965年6月，复设郧阳地委，一个月后又设郧阳专署。1967年，郧阳地委、专署迁往十堰。1969年12月，十堰办事处升级为郧阳地区下辖县级市——十堰市。1973年2月，十堰市改为省辖市，实现地市分离。后来，十堰市与"第二汽车制造厂"实行政企合一，但在1982年4月，二者又实行政企分离。1994年10月，地市合并，郧阳地区撤销，其辖区划归十堰市。此后作为地级市的十堰市辖茅箭区、张湾区、郧阳区（2014年郧县撤县设区）三个市辖区，丹江口市（1983年均县撤县设市）一个县级市，郧西县、竹山县、竹溪县、房县四个县，以及十堰经济技术开发区、武当山旅游经济特区。

② "第二汽车制造厂"于1969年在湖北省十堰市成立，后于1992年9月4日更名为"东风汽车公司"。2003年9月，公司总部由十堰搬迁至武汉。2017年11月4日，公司又更名为"东风汽车集团有限公司"。

作为"102"主要继承者的湖北省工业建筑集团有限公司(简称"湖北工建集团",惯称"湖北工建"),其先辈充分展现了攻坚进取的良好精神风貌。他们在"湖北工建"乃至整个祖国工业建筑的历史画卷上描绘了浓墨重彩的一笔,大大造福了国家和人民。如今的"湖北工建"人没有因先辈的英雄伟业而骄傲自满,反而始终保持着艰苦奋斗的作风和勤勉谦逊的态度,不断与时俱进,重塑自我,进而孕育出了蕴含优秀传统又凸显时代特征的"湖北工建"精神。

"湖北工建"精神直接承继于"102精神",而"102精神"又承继于大庆精神。至于大庆精神,则是由中国共产党的伟大红色基因和中华民族的伟大灵魂共同培育的。吃苦耐劳、攻坚进取、精雕细琢、忠诚奉献构成了"湖北工建"精神的核心,其是由伟大的中华民族、伟大的中国共产党和伟大的中国人民在伟大的时代沃壤里培育而成的。

"湖北工建"人始终秉持"攻坚克难、开拓进取、务实重行、担当有为"的信念,创造了一个又一个伟大的工程,培养了一批又一批可敬的新"湖北工建"人。他们有优秀的职工个体,也有可歌可泣的先进集体。他们发扬"下雨当流汗、刮风当电扇"的精神,把一个个不可能变成一个个令人叹服的现实。企业在变迁,但是企业的精神代代传承,并不断淬火更新。工作上坚持"以质取胜"是他们首要的准则,而把工程打造成有生命、有价值、有意义的经典,就是他们的初心和使命。以"攻坚进取、忠诚奉献"为内核,以"务实重行、担当有为"为外延的"102精神",既是"湖北工建"最为宝贵的精神财富和光荣传统,又是"湖北工建"历经风雨、百折不回、浴火重生的不二法门。

在20世纪80年代,由于改革开放的强劲推行,"三线建设"存在的问题随着我国国民经济的调整开始逐渐被各界所关注。在此背景下,党和国家及时提出"军民结合,平战结合,军品优先,以民养军"的方针,对三线企业、院所、厂矿等采取了"调整改造,发挥作用"的重大举措,有计划、有步骤地进行企业布局与产品结构、产业结构的科学调整改造,使三线基地蕴藏的巨大潜能更加充分地发挥出来了。此时总部已搬迁至襄樊[①]的"湖北工建"存在着与其他国有企业相同的问题,更因为它是深处三线的工程建设企业,所遭遇的难题不仅

---

① 襄樊:现为湖北省地级市襄阳。1950年,襄樊建市,隶属襄阳专署。1979年,襄樊市升格为省辖市。1983年,襄阳地区撤销,其行政区域并入襄樊市。2001年,襄阳县撤县设区,成为襄樊市襄阳区。2010年12月9日襄樊市正式更名为襄阳市,而襄阳区则更名为襄州区。襄阳市辖襄城区、樊城区、襄州区三个市辖区,老河口市、枣阳市、宜城市三个县级市,南漳县、谷城县、保康县三个县,以及襄阳高新技术产业开发区、襄阳经济技术开发区、襄阳鱼梁洲经济技术开发区三个开发区。

远甚于处于一线、二线的国有企事业单位，甚至比一些同处于三线的国有企事业单位还要艰难。正因如此，作为曾深处三线的大型国有企业，"湖北工建"历尽艰辛、求索图存、改革创新的历程与经验也就显得尤其珍贵和具有启迪意义。

包括"湖北工建"这样的"三线建设"企业在内的国有企业的改革，在正确处理企业与政府的关系，实现所有权与经营权的分离，摆脱老、大、难问题的困境，建立具有中国特色的现代企业制度和公司治理结构，创新公有制的实现形式以及国有资本的监督管理与运营的体制机制上，取得了伟大成就，积累了宝贵经验，创建了理论成果，为多年来国有企业改革的深入展开以及国有资本投资与运营体制机制的建立和完善指明了方向、储备了工具、开辟了道路。

自总部于2002年乔迁武汉后，全体"湖北工建"人攻坚进取、忠诚奉献，而这又在"湖北工建"悠久的历史长卷上描绘了灿烂绚丽的图景。全新的"湖北省工业建筑集团有限公司"注册成立，工程总承包公司和国际工程公司组建，"双特三甲"资质成功获得，"三商合一"的发展之路奠定。"湖北工建"人坚持改革创新发展，坚持传承红色基因，积极发扬攻坚进取、忠诚奉献的企业精神，大刀阔斧地推动六个方面的创新性举措：一是注重资源重组促进创新发展；二是注重科技创新带动创新发展；三是注重技术攻关推动创新发展；四是注重降本增效加快创新发展；五是注重人才培养持续创新发展；六是注重打造精品诠释创新发展。"湖北工建"终于浴火重生。

在重生之旅中，"102精神"是全体"湖北工建"人持续传承和不断发扬的企业基因，是统一思想、凝神聚力、共谋未来的精神支柱。在"传承102红色基因，激情再创业，锻造建筑铁军"的号召下，"湖北工建"人形成了以"攻坚精神"为核心理念的企业文化，倡导铁军精神、创新精神、工匠精神、担当精神、奉献精神。随着时代的发展，"攻坚精神"的外延不断拓展，历久弥新。对党忠诚，演化成对党、国家、企业、家庭忠诚；为国奉献，演化成为国家、为社会、为人民、为企业奉献。

"湖北工建"人在70年风雨兼程中虔诚地传承着优良的红色基因，始终牢记着自己的初心和使命，精准地把握着时代的脉搏，勇敢地求索与创新，从而不断地彰显着时代的气息和大国的威仪。"湖北工建"人无愧于党的重托，无愧于人民的信赖，无愧于建筑铁军的荣誉。

第二节　烈火淬炼谱华章

回顾"湖北工建"的改革历程，虽然备尝艰辛和剧痛，但所取得的成就颇为伟大。

进入21世纪后，受国有企业改革持续推进、加入世界贸易组织和国民经济高速增长的影响，"湖北工建"资本总量快速大幅提高，企业资产规模、产值规模和利税规模持续扩大，研发资本急剧增加，自主创新能力显著升档，企业运行质量、经营效益明显改善，控制力、影响力持续增强，抗风险能力获得质的飞跃，为推动我国经济社会事业的全面发展、保障和改善民生福祉、扩大对外开放、维护国家安全稳定、增强国家综合实力起到了一个国有企业该起的支柱性作用。

"湖北工建"的改革始终坚持围绕一个目标展开，即激发创造力与活力、提高控制力与竞争力、增大影响力与抗风险能力，调布局、优结构，转换体制、创新机制。现在，"湖北工建"的管理和经营体制机制都已发生重大转变：现代企业制度基本建立，董事会决策、经理层执行、监事会监督的公司法人治理结构已经建立，总体上转变为依法自主经营、自负盈亏、自我约束、自我发展的独立市场主体和法人实体，从而与其他国有企业一道凝聚为我国市场经济的核心，并对我国社会主义市场经济的发展起着越来越大的核心作用和主导作用。

第三节　成功经验育新篇

正是因为改革取得了重大成就，为后续的进一步改革打下了坚实的基础，所以"湖北工建"在改革历程中累积的经验就显得极为宝贵。综合来看，主要有四个方面。

首先，坚持党的领导是改革的根本保证。我国国有企业是我国公有制的基础，也是我国社会主义性质的核心标志。"湖北工建"在政治上始终明确党在改革中的核心地位与主导作用，而坚持党的领导是改革的根本支撑，也是深化改革的基本遵循。并且，"湖北工建"始终坚持党的领导是根治国有资产流失、监管监督弱势等顽症的核心保障。

其次，适应社会主义市场经济体制是改革的基本方针。"湖北工建"始终坚定不移地坚持市场化改革方向，虽然历尽艰辛，但遵循市场经济规律和企业发展规律毫不妥协，坚持政企分开、政资分开、所有权与经营权分离绝不松懈，同时坚持建立和完善企业市场化经营机制。"湖北工建"长期探索并逐渐建立了适应我国国情的具有鲜明中国特色的现代企业制度与公司治理结构，顺利完成了企业职工市场化身份的转变。再加上市场化的用人机制和薪酬激励机制初步确立，从而从体制机制上确立、巩固、强化了企业的市场主体地位。此外，"湖北工建"还始终坚持与非公有制经济在市场中公平竞争，始终坚持市场化运作，并最大限度地实现经济效益和社会效益的统一。

再次，实行统筹推进与重点突破相结合是改革的基本方法。在改革的方法论上，"湖北工建"始终坚持统筹推进与重点突破相结合。一是统筹规划、顶层设计、配套改革三结合。二是稳健推动、循序渐进，由易到难、由浅入深推进改革。三是抓住关键、重点突破、以点带面。坚持以问题为导向，科学分析并紧紧抓住不同阶段面临的重点问题，集智攻关、全力突破，然后以点带面、全面推广。

最后，增强竞争力、创新力、控制力、影响力和抗风险能力是改革的基本目标。企业办社会、包袱沉重的问题一直困扰着我国国有企业，始终难以全面彻底解决。事实上，这是一个典型的老、大、难问题。再加上管理方法与技术的相对落后，监管体制机制的不够完善，"湖北工建"在改革开放后面对外资企业、港澳台资企业、民营企业及个体经济的强力竞争，处境一度极为艰难。但是，"湖北工建"始终咬紧牙关，坚定地把探索建立现代企业制度、转换经营机制、提升经营效益、探索实施更加灵活高效的监管体制机制作为改革的基本立足点和出发点。其改革始终服从、服务于国家整体战略，努力建立中国特色现代国有企业制度，全面增强自身的竞争力、创新力、控制力、影响力和抗风险能力。

在新时代的今天，为全面建成中国特色社会主义现代化强国，全面实现中华民族伟大复兴的中国梦，我们应坚持好、巩固好、运用好、发展好以"湖北工建"为代表的原"三线建设"企业所探索出来的宝贵经验，全面协调、持续深入地推进我国国有企业改革。这样，我国不仅能将中国特色社会主义理论提升到新高度，而且能为世界社会主义事业提供极为重要的借鉴模式，从而推动人类社会主义事业达到新境界。

第一章

战地英雄誉
华北建筑旅
（1950—1969）

"湖北工建"的诞生与20世纪60年代"三线建设"的开展密切相关，因为"湖北工建"恰恰就是由湖北"三线建设"中的"102"嬗变而来。但是，"湖北工建"的历史渊源又远在"三线建设"和"102"之前。这是因为，"102"所辖不少单位都由建工部第八工程局抽调所属单位组建而成，而建工部第八工程局还有一个令人如雷贯耳的大名，那就是"华建"。"华建"是中华人民共和国成立之初国家布局在华北地区的一支基本建设队伍，但"华建"从来都不是官方给予的正式名称。事实上，"华建"的正式名称先后经历了"华北基本建设工程公司天津分公司""建工部华北直属第二建筑工程公司""建工部华北包头工程总公司""建工部包头工程局""建工部第二工程局""建工部华北工程管理局""建工部第八工程局"等多次变更。不过，作为代指活跃于20世纪50—60年代的一支华北建筑劲旅，"华建"一词为时人所熟悉和认可。"华建"其实主要由两支建筑队伍组成：一是建工部华北直属第二建筑工程公司，二是中国人民解放军建筑工程第二师。二者都与部队、军人有着密不可分的关联，所以由这两支建筑队伍组成的"华建"其实是满载战地英雄之荣誉而蜕变成的响彻华北建筑之劲旅。相应的，"湖北工建"天然地具有建筑铁军的血脉，而其历史渊源则至少可以追溯到中华人民共和国成立之初。

第一节　建筑铁军耀华北

　　"华建"的源出之处在于"华北基本建设工程公司天津分公司"，而后者又由具有部队背景的公营"时代建筑公司"改制而来。华北基本建设工程公司天津分公司后来改制为"建工部华北直属第二建筑工程公司"（以下简称"华直二公司①"），而"华直二公司"在与中国人民解放军建筑工程第二师（以下简称"建二师"）团结协作的基础上，最终与集体转业后的"建二师"融合，组建"建工部华北包头工程总公司"（以下简称"包头总公司"）。就是在名为"包头总公司"期间，"华建"的名号响彻华北。后来，"包头总公司"又几经更名，但"华建"一直是这支建筑劲旅广为人知而又经久不衰的代名词。

一、"华建"缘起

　　平津战役胜利后不久的1950年初，杨成武将军率领的中国人民解放军第二

---

① 二公司：即"第二建筑工程公司"，以下依此类推，不再一一注明。

十兵团后勤部队一方面为了开展部队营房建设，另一方面为了适应中华人民共和国成立初期国民经济百废待兴的建筑需要，在天津吸收"利群""四义"等私人营造厂（尤其是其中的技术人员和管理人员），并配备二十兵团的干部，组建公营"时代建筑公司"。公司地址位于天津市第一区（今天津市和平区）滨江道332号，而公司第一任经理为黄浩然，第一任监委书记为严殿华。公营"时代建筑公司"是中华人民共和国历史上最早成立的公营建筑企业之一，也是"湖北工建"的渊源。该公司起初仅有职工300多人，且多是技术人员、管理人员，没有固定的施工工人。在承接任务时，施工工人按照工种自由结合，集体包工。公营"时代建筑公司"自成立之后，不仅建设了大量的部队营房，还承建了天津师范大学、保定医学院、石家庄第六高级步兵学校、新乡棉纺织厂等学校和工厂等众多建筑。

1952年上半年，公营"时代建筑公司"由隶属部队下放给地方，划归中央华北行政委员会基本建设局管辖，改制为"华北基本建设工程公司天津分公司"（当时还有北京、太原等多个分公司），而"华建"这一简称的最早出处就来源于此。彼时的领导层主要有经理刘向道，副经理黄浩然、刘惠琴，党委正副书记严殿华、李俊杰、黎光，总工程师刘文翰，工会主席曹云祥，以及政治处主任李介民。改制后，公司在天津广招技术人员、管理人员和施工工人，从而在规模上急剧扩张，尤其是整个职工队伍一下子就扩张到了3000多人。

应该说，1950年到1952年是公司的奠基时期，因为在这两三年间公司发生了巨大的变化。首先，公司的名称变更，由公营"时代建筑公司"变更为"华北基本建设工程公司天津分公司"。其次，公司的所有权变更，由隶属部队划归地方。最后，公司形制趋向完备，由小到大，成长为一个组织健全的建筑企业。在施工力量方面，公司由原来只有少数技术人员、管理人员、施工工人，并实行集体包工的模式，逐步发展成技术人员与管理人员配套、技术工种齐全、具有独立综合施工能力的基本建设队伍。

虽然经过几年的发展，华北基本建设工程公司天津分公司已经具备一定的规模，但是当时的施工技术和装备水平都比较低下，如垂直运输和水平运输基本上靠的还是肩挑手抬的纯人力运输，大多数依赖手工作业，机械化施工设备极少。同时，囿于当时的社会发展条件，建筑工人除了施工条件较差，居住条件也简陋，往往是哪里有工程，就在哪里搭建起简易工房、工棚。尽管条件艰苦，但当时的职工仍然充满建设热情。这些职工大多数原本是旧社会零散流动的工人，往往过着居无定所、朝不保夕的生活，如今则转变为国家固定职工，过起安居乐业的生活。所以，他们往往以中华人民共和国建设者为豪、以新社会贡献者为傲，具有高度的主人翁责任感和事业心，充分展现澎湃的爱国热情、良好的职业素养和豪迈的精神风尚。

二、"华建"驰名

（一）更名"华直二公司"

1952年8月7日，中央人民政府委员会第17次会议决定成立中央人民政府建筑工程部。翌年，"华北基本建设工程公司"就由"建工部"领导，而其北京分公司则更名为"建工部华北直属第一建筑工程公司"。1953年3月3日，时任政务院财政经济委员会主任陈云签发营业执照，"华北基本建设工程公司天津分公司"变更为"建工部华北直属第二建筑工程公司"。此后，公司地址便迁至天津市和平区贵州路新建办公楼。彼时的领导层主要有经理刘向道，副经理黄浩然、刘惠琴，总工程师刘文翰，党委书记严殿华、李俊杰，而工会主席先后有曹云祥、侯希文、张庆元，政治处主任则先后有李介民、黎光、杨竹安。

"华直二公司"是地师级建制，下设四个土建工区，此外还包括材料工区（含汽车运输队）、安装特工队等直属单位。其中，安装特工队有职工200多人，汽车运输队有职工200名、汽车70多辆。创立初期，"华直二公司"主要在天津市、河北省等地承建工程，如天津市东局子、新河、汉沽八号营房建设工程，以及天津大学、南开大学、天津师范大学、天津政法学院、海光寺陆军医院、二九一医院、故城机场、新乡纺织厂、衡水总后勤部被服厂、石家庄高级步兵学校等工程。

（二）逐渐融合"建二师"

1950年6月，朝鲜战争爆发，不久之后轰轰烈烈的中国人民志愿军抗美援朝运动也随之而起。在抗美援朝的战场上，活跃着一支战地建设队伍，那便是中国人民志愿军第23兵团第37军第109师。109师原为国民党绥远起义部队的一部，即原傅作义部驻绥远的新编第七师。1949年12月，这支队伍改编为中国人民解放军第37军第109师。1950年初，华北军区从20兵团和其他军区及纵队抽调2000名政治干部到绥远担负改造该队伍的任务。1950年末，这支部队调到河北省景县进行民主教育、改造和整编，并从湖南、河南、江苏等地接收了一批新战士。经过改造和整编后，这支部队的番号便改为中国人民志愿军第23兵团第37军第109师。在抗美援朝期间，109师成功地完成了两个机场艰巨的建设任务，最后于1951年底回国并在保定驻军修整。为响应国家"人民解放军拿起武器能战斗，拿起工具能建设"的号召，109师便于1952年4月奉命改编为真正的建筑工程部队，即中国人民解放军建筑工程第二师（以下简称"建二师"）。"建二师"师长温汉民，政委苗树森，副师长田绥民，参谋长贾淮舟，副参谋长龙鸿亮，政治部主任金涛，下辖四团、五团、六团。整编后的"建二师"首先承担了河北定兴军用机场的建设任务，后开赴辽宁，参加宽甸915工程和丹东315工程的建设，又圆满完成两座军用机场的建设，受到辽宁省委的高度赞扬。

1953年冬，"建二师"回师天津塘沽、新河等地进行冬季技术培训，而"华直二公司"受命对"建二师"四团、六团指战员进行建筑技术和业务的培训工作，并由此与"建二师"结缘。当时的"华直二公司"选派优秀的技术人员到"建二师"担任技术辅导员，并且"保教保会"。他们理论结合实际，在施工实践中提高战士的施工技术水平，收到很好的效果。其中，仅三工区就抽调50余名技术工人，在新河工地结合施工生产，对"建二师"六团战士进行技术培训。该部队战士边施工、边学习建筑技术。从1953年冬至1955年4月，"华直二公司"和"建二师"各自独立工作，但多有协作。比如1954年6月，"华直二公司"和"建二师"接到了参与内蒙古包头工业建设的任务，随即"华直二公司"和"建二师"四团、六团陆续奔赴目的地共同参加建设（五团在参加完哈尔滨飞机场和长春"一汽"建设后也随之归建）。其中，"建二师"先遣六团二营最早奔赴包头市，在南门外一片荒滩上搭起帐篷、席棚，而指战员就住在里面。不到半个月，他们就建成砖木结构平房10余栋，家属三层楼3栋，子弟小学1所，职工食堂以及车库、仓库、大礼堂约22500平方米，家属平房7500平方米。虽然大部分工程是在冬季施工，但工程质量丝毫没有放松，真正地做到了多、快、好、省。尤其是其中2栋家属楼只用18天时间就扣顶挂瓦，以至于当地人民都称赞说"10多天时间平地建起2座楼，包头的建设决不用愁"。在包头期间，来自"华直二公司"和"建二师"的施工队伍共同承担了"一五"计划期间156项重点工程（"一五"计划时期从苏联和东欧国家引进的156项重点工矿业基本建设项目）中的包头钢铁公司，四四七厂（内蒙古第二机械制造总厂）、六一七厂（内蒙古第一机械制造厂）、四〇八厂（建华厂）等军用工厂的建设。

（三）组建"包头总公司"

1955年1月，"建二师"遵照中央军委指示，集体转业，与"华直二公司"合并。4月底，"建二师"与"华直二公司"正式合并，同时抽调"华直三公司"（驻北京）的部分力量、参加"一汽"建设的"建工部直属工程公司"的部分力量、"建工部机械化总公司包头施工站"的力量，组建了"建工部华北包头工程总公司"（以下简称"包头总公司"）。原"建二师"政委苗树森任党委书记，副书记吴谦和，总经理刘向道（不久后即调往辽宁省）、温汉民，副总经理曼丘、安恩达、田绥民，总工程师曼丘（兼）、孙祥萌、刘文翰。"包头总公司"机关大楼最初位于包头老城东河区南门外的巴彦塔拉大街，后于1957年搬迁至青山区呼得木林大街。总公司成立初期，职工总数约为1.5万人，后又扩大至3万多人。

"包头总公司"成立后，为了集中力量承担六一七厂和四四七厂的建设任务，将原先的五个工区合并为两个工程处（以下简称"处"）。"华直二公司"二工区与"建二师"六团的一部分组建为总公司一处，主要负责六一七厂建设，而"华直二公司"三工区则与"建二师"四团的一部分、"建工部直属工程公司"103工区组建为总公司二处，主要负责四四七厂建设。此外，"华直二公司"三工区与"建二师"六团合并为总公司直属工区，后又并入二处，在承担两厂建设的同时承建"包头总公司"自身的基建工程。围绕六一七厂、四四七厂厂房重点建设，"包头总公司"先后建成青百大楼、一宫、二〇二厂、三〇三厂、糖厂、化工厂、选煤厂、一电厂、二电厂、棉纺厂，扩建医学院、内蒙古疗养院等工程。

"华建"这一简称就是从"包头总公司"时期开始叫响的，当时还有顺口溜："远看像逃荒的，近看似要饭的，仔细一看是华建的！"事实上，当时的"华建"已成为一支享誉包头、呼和浩特等地乃至整个华北的建筑铁军。无论是修建机场、工厂厂房，还是修建民用宿舍、通用楼房，"华建"始终坚持"质量第一"的原则。一机厂和二机厂的宿舍楼和厂房建成30余年，基础不下沉，墙壁不裂缝，做到了三满意，即厂方满意、验收人员满意、自己满意，从而得到上级机关还有业主的信任和赞誉。当时的基层班组建立了自检、互检、交接检查制度，而各级领导和技术人员又都视质量如生命，既要求质量，也要求速度和数量。正因如此，"华建"的信誉日高、任务日重。当时流传着这么一句话："华建，华建，施工质量不用看！"

随着国家"一五"计划的逐渐推进实施，包头工业基地的建设进入了高潮，这也是"华建"的辉煌时期。"华建"在包头工业基地建设中，完成建筑工程240多项，承担了包头大量的军工、地方工业、市政、民宅的项目。其中，主要的代表有五机部所属一机厂（生产坦克底盘塔身及总装）、二机厂（生产高射炮）以及二机部的四〇八厂（生产核燃料，后改称二〇二厂）、三〇三厂（生产飞机用铝）、二电厂等基建工程。在施工最高潮时期，"华建"投入了将近5万人的建设大军，其厂房建筑面积达101.7万平方米。1958年7月，朱德副主席视察包头四四七厂、六一七厂建设工地时，曾欣然题词——"多快好省地建设工厂"。在建设国防军事工程中,邓小平、贺龙、陈毅、聂荣臻、彭真等中央领导人均前往视察,并给予表彰。

三、"华建"发展

1958年8月,"建工部"直属企业体制改变,而"包头总公司"则变更为"建工部包头工程局",同年11月又更名为"建工部第二工程局"(以下简称"二局",下辖五个土建公司和两个专业公司等单位)。在20世纪50年代中后期,中、苏两国的关系由亲密无间逐渐走向公开破裂,于是包头作为我国战略大后方的意义便不复存在,而20世纪50年代初拟定的把包头建设成总人口约500万的"第二个上海"的宏伟愿望再难实现。再加上三年自然灾害造成经济倒退,这一切迫使中央、地方两级的一大批工业项目陆续调整、缓建和下马。由此,"二局"几万人的建筑队伍便出现了严重的窝工现象。后来,随着国家战略目标向三线地区逐渐转移,"二局"的队伍也从1959年开始陆陆续续被分批调往祖国各地新的建设战场。4月,"二局"便派出一支160人的建筑安装队伍去往北京参与人民大会堂的建设。后来,这其中的80人划归"北京建筑公司"承担人民大会堂西侧墙体的建设及装修,而另外80人则划归"上海建筑公司"承担人民大会堂内部墙体施工、装修以及各内厅地面人字形木地板铺设的施工。此外,"二局"安装公司还承担了人民大会堂的机电设备安装任务(包括大会堂灯光、通信设施、舞台电气、交直流电源暗管敷设等工程)。

20世纪60年代初期,中华人民共和国的各项建设事业如火如荼地进行,而作为一支建筑劲旅的"二局"也迎来了发展时期。1963年,"二局"机关搬迁至北京市海淀区学院南路北。翌年5月3日,"建工部"撤销"二局"和"山西省建筑总公司",并创建以原"二局"为主的"建工部华北工程管理局",其机关驻地仍为北京。新成立的建工部华北工程管理局其实还并入了山西、内蒙古等华北地区的一些地方建工局、建筑队,于是其施工单位工作范围旋即发展到内蒙古、山西、河北等华北大部分地区,有些工程甚至延伸到西北地区。1964年8月,"三线建设"正式开始,由此又一段激情燃烧的岁月拉开了帷幕。为了"三线建设"大计,"建工部"又进行了体制机制的调整。其中,建工部华北工程管理局就于1965年10月变更为"建工部第八工程局"(以下简称"八局"),下辖8个土建公司、4个专业公司以及其他附属单位。"八局"最初的机关驻地仍为北京,后来搬迁至山西省太原市。1970年以后,"八局"机关大部及在山西的部分力量同"山西省建工局"合并,其机关仍驻太原。

综观20世纪60年代,"华建"这支建筑劲旅不仅仅在名称上历经从"二局"到"建工部华北工程管理局"再到"八局"的变更,还在力量上不断壮大。诚然,这一时期爆发的"文化大革命"也不可避免地波及了"华建",并造成其党政组织瘫痪,企业生产一度干干停停,发展速度受到一定影响,但"华建"仍旧处于发展、壮大之中,其建设足迹更是遍及长城内外。事实上,从"二局"到"建工部华北工程管理局"再到"八局","华建"这支建筑劲旅虽然最初以包头为中心展开建设,但后来陆续承建的工程已广涉整个华北和北方大部分省市,比如先后完成了包头第一工人文化宫、五一研究所、公庙子飞机场、邯郸水泥厂、华北地区大部分国防工程、呼和浩特5204国防工程、呼和浩特飞机场、矿山机械厂、综合电机厂、内蒙古生产建设兵团化纤厂等工程项目。

从具有部队背景的公营"时代建筑公司"改制为"华北基本建设工程公司天津分公司",从而衍生出"华建"这一简称,到"华北基本建设工程公司天津分公司"变更为"华北直属第二建筑工程公司",进而与同样具有部队背景的"中国人民解放军建筑工程第二师"融合,组建"建工部华北包头工程总公司"而打响"华建"的名号,"华建"天然地与部队、军人有着密不可分的关系。进而言之,"华建"诞生于中华人民共和国成立初期,其前身多由久经沙场的战地英雄组成,骨子里流动着军人的铁血。在其创业、发展、辉煌的近20年当中,形成了独具特色的文化氛围,并始终保持着不畏艰难、坚定必胜的精神和信念。从国内战场到朝鲜战场,再到天津、东三省,又深入内蒙古,然后历经三年自然灾害、中苏关系破裂等困难时期,"华建"始终保持着极强的凝聚力和战斗力,从而在祖国的建设大业中屡建战功。

当年条件落后,更兼自然环境恶劣,许多国防重点工程会战都需要连续施工、敢打硬仗。建筑行业的职工常年工作在施工一线,风餐露宿,不仅工作强度非常大,而且生活条件异常艰苦。显然,没有超常的耐力和韧性是很难适应这种工作、生活环境的。然而,"华建"的所属队伍始终跟随祖国建设的步伐前进,四海为家,就像随春风而来的燕子,他们筑起了一座座"家园",却无暇享用,反而是哪里需要建设就将队伍开往哪里。这种作风、这股精神后来又伴随着"102"的先辈们传承下来,延续至"湖北工建"。在如今的"湖北工建"人的血脉中,仍然延续着承继自"华建"这支建筑铁军的光荣传统。可以说,无论经过多长时间,"华建"的精神都将传递下去,而新一代"湖北工建"人也不会忘记当年先辈们艰苦卓绝、辛勤创业的峥嵘岁月。可以预见,这份情怀和精神在新时期也将扬帆起航,重续辉煌。

第二节　红色尖兵忙建设

毋庸置疑，"华建"的声名鹊起、有口皆碑与"华建"人的努力密不可分。曾经，在炮火纷飞的军事战场上，"华建"人是一往无前的红色尖兵；如今，在铁钎飞舞的建设战场上，"华建"人同样是勇往直前的红色尖兵。其中，一些优秀的领导人发挥了巨大的作用。这些优秀的领导人往往都是名副其实的红色尖兵，因为他们多是老革命出身，并曾在部队担任要职。后来，他们虽解甲，却未归田，而是转向了国家的基本建设。"干部要胸怀强烈的政治责任感、历史使命感，积极投身伟大斗争、伟大工程、伟大事业、伟大梦想的火热实践，把人生理想融入国家富强、民族振兴、人民幸福的伟业之中。"[①] 中华人民共和国成立初期，"华建"的领导们就已经在践行这一信念——为企业殚精竭虑，为国家奉献终身。他们的杰出贡献令人敬佩，而其中的细节更是令人敬重。

一、将才系建设

身为"华建"创建者之一的苗树森是我国建筑业发展的早期领军人，同时也是"湖北工建"历史上老一辈领导成员的杰出代表。苗树森（1916—1986），河北霸州人。他于1938年5月参加革命，曾参加抗日战争、解放战争和抗美援朝战争。中华人民共和国成立后不久，时任"建二师"政委的苗树森带领"建二师"集体转业，以高昂的热情积极为国家的基本建设作贡献。他曾先后任"包头总公司"党委书记（兼任包头市委书记处书记）、"建工部"副部长等职，是"湖北工建"极具影响力的领军典范。

中华人民共和国成立初期，正是国内一穷二白的年代。当时的工厂机械化程度较低，企业管理主要依赖干部，企业生产全靠工人的体力完成。因此，苗树森特别关心广大职工疾苦。1962年，"华建"有位参加过抗美援朝的江苏籍职工，主动要求"下放"回乡，但是回到老家一看傻了眼，乡下的苦日子实在没法过，他又回来请求复工。苗树森考虑他在战场上曾立过功，作出了突出贡献，就毫不犹豫地又收下了他。由于生活条件艰苦，有的老职工家属来到单位后根

---

① 中共中央党史和文献研究院，中央"不忘初心、牢记使命"主题教育领导小组办公室. 习近平关于"不忘初心、牢记使命"论述摘编［M］. 北京：党建读物出版社，中央文献出版社，2019：143.

本没有地方住，苗树森了解情况后，立刻要求老职工的单位领导不管是腾出办公室还是库房，妥善安排好老职工家属的住处。对遇到突发困难的职工，任何时候只要找到苗树森，他都会立刻打个便条签上字，让该职工拿着条子找财务预先领取工资以渡过难关。逢年过节他都利用休息时间到工地、车间、宿舍去看望、慰问职工，了解职工的真实情况，解决实际问题。加工厂后勤处有个锅炉师傅叫抗万明，是傅作义起义部队的老战士。有一年，他对涨工资有意见，多次找厂里都没有解决问题，很是生气。正好有一天苗树森到厂里办事，临走时，抗师傅拦住他将详情一五一十地讲给他听。苗树森听后，立马向抗师傅表态说："请你在三天之内听我的消息。"很快，在第三天的上午，厂劳资科就通知抗师傅调涨工资。当时，抗师傅感激涕零。

苗树森家有三代六口人，生活非常清贫。他的爱人为了补贴家用，每天起早贪黑和大家一起去锅炉房捡煤核。三年自然灾害期间，缺衣少食。后勤保障部门出于关心领导身体健康的考量，费了大力气弄来一些猪肉和鲤鱼。当他们偷偷把肉、鱼送到苗树森家时，却受到苗树森的严厉批评。苗树森正气凛然地斥责道："现在这么困难的时刻，一线工人流血流汗，比我们辛苦百倍，他们更需要这些鱼和肉，快把它们全部拿到食堂，让职工们吃！"在那个外有苏联逼债、内有自然灾害的艰难困苦年代，苗树森始终和大家站在一起，领导大家共克时艰。

苗树森不但关心工人，而且爱护干部。在1959年大型企业搞小整风运动时，"二局"党委副书记吕文山由于在平时工作中言辞过于激烈，能否顺利通过民主测评成了问题。苗树森知道后，主动找大家座谈。他对大家说："吕书记这个人，首先政治上没问题，工作上能力强。他习惯性地爱训人甚至骂人，这是工作方法上的问题。下次会议上，大家面对面给他指出工作上简单粗暴的问题。我平时经常给他提个醒，我想他一定会改正的。这次企业整风的目的就是像毛主席说的，本着'惩前毖后、治病救人'的方针，而不是一棒子把人打死。通过整风使领导干部正确对待群众的批评，改正错误，今后才能把党的各项工作搞得更好。"① 后来，吕文山也在民主评议会上做了深刻检查，并顺利过关。

1963年，"二局"机关的办公室主任、组织部部长等5位处级干部先后闹起了离婚。苗树森知道后找他们谈话，动之以情，晓之以理："你们几个，现在官

---

① 王英.建筑业曾经的领军人——苗树森[M]//中国人民政治协商会议,湖北省十堰市委员会文史和学习委员会.十堰文史（第十五辑）:三线建设"102"（下册）.武汉:长江出版社,2016:13.有修改。

做大了，职务高了，嫌老婆没文化太土气，配不上你们了，所以闹着跟老伴离婚。我看会有两点不好：一是群众影响不好，二是说明你们忘记了过去。中华人民共和国成立前我们在外扛枪打日本和老蒋，她们在家上要侍奉咱们的爹娘，下要养育咱们的儿女，头上还戴着一顶'共匪'家属的帽子，她们好过吗？我看，老伴不但是我们患难与共的妻子，还是我们的恩人，你们现在闹离婚，良心何在哪！我今天当着你们几个表态：我绝不做陈世美，我永远不会离开我的老伴！"① 这五位处级干部，听完苗树森言辞恳切又语重心长的教诲后，羞愧难当，从此再也不提离婚之事。

20世纪60年代中期，基于国内外日趋紧张的局势，中共中央和毛主席为加强战备，发出了"备战备荒为人民"以及"加快三线建设"的号召。1966年，时任"建工部"副部长的苗树森认真贯彻党中央和毛主席的指示精神，落实选址湖北十堰地区建设"二汽"的具体部署。他在多次实地考察后，精心挑选了北京市建设工程局第三建设公司（以下简称"北京三建"）、"北京建工局"机械公司汽车一厂、"北京建工局"西郊构件厂以及北京市新京木材厂等单位作为建设先头部队，最先挺进十堰山沟。两年后，苗树森再一次赴十堰调研考察时，了解到"二汽"各职能厂的部分职工和设备已经基本到位，但仅仅依靠3个工程团难以顺利完成建厂任务，为了不影响"二汽"建设，苗树森马不停蹄地赶回北京，与"建工部"军代表协调并征得同意，亲自奔赴包头、呼和浩特和大庆三地归属"八局"的建筑工程公司，深入群众去甄别已经"靠边站"的原公司领导人。苗树森顶着巨大压力，主动找到那些由于"文化大革命"尚未恢复工作的老同志们，充分发动一切可以发动的建设力量，组建了4个建筑工程公司的领导班子。苗树森特有的人格魅力和威信赢得了广大职工的信赖，几天之内就有数千人自愿报名参加"二汽"建设。由此，"建二汽光荣、上三线自豪"的热潮在"华建"广大职工和众多家属子女中迅速兴起！

1969年，苗树森正式担任十堰"红卫地区建设总指挥部"副总指挥长。根据上级调令，苗树森从"八局"先后抽调万余名精兵强将，与从"建工部"系统抽调的建设过"一汽"和大庆的队伍，在1970年初全部进驻"二汽"建设现场，彻底解决了施工力量不足的问题。参与"二汽"建设的各路人马，克服"文化大革命"的影响，牢固树立"抓革命就是建二汽，加快三线建设，让毛主

---

① 王英.建筑业曾经的领军人——苗树森[M]//中国人民政治协商会议，湖北省十堰市委员会文史和学习委员会.十堰文史（第十五辑）：三线建设"102"（下册）.武汉：长江出版社，2016：13.有修改。

席睡好觉"的指导思想,在湖北十堰由东至西近百千米的战线上开工破土,拉开了建设"二汽"的大幕。

二、英模立标杆

"华建"的另一位老领导张育才也是老革命出身,后来转向国家的基本建设。张育才(1920—1996),河北蠡县人。他于1938年参加抗日战争,后于1939年2月入党。张育才早年受到革命思想的熏陶,面对日本帝国主义的侵华战争,以一个热血青年的爱国热情和政治觉悟积极投身抗日救亡工作。他先后担任容城县地区锄奸干事、党内青年委员、区政工干事、军事干事等职。他深入敌占区,与敌人进行英勇的斗争,并在北宁线一次战斗中光荣负伤。抗日战争胜利后,他历任冀中天津地下军支队政治委员、总支书记、副政委,77团政治处副主任、副政委等职,直接参加了冀中地区的人民解放事业①。在新民主主义革命的岁月里,他在对敌战场上经受了严峻的考验,出色地完成了党交给的各项政治、军事任务。

中华人民共和国成立后,张育才曾在中国人民解放军第23兵团第37军109师326团以及之后的"建二师"五团任政治教导员、政治处副主任、主任、政委等职。在抗美援朝战争中,张育才出色地完成了各项军事任务。1953年,根据国家大规模经济建设的需要,张育才随部队转业到地方工作,先后任"建工部直属工程公司"106工区(一汽建设)党委书记、"包头总公司"二处党委书记、"二局"二公司和四公司党委书记、"二局"一公司经理、大同"5901工程"工地联合党委书记、"八局"政治部副主任等职。他转战南北,四海为家,参加了"一汽"、内蒙古第一机械制造厂、内蒙古第二机械制造总厂等国家重点工业工程和国防工程的建设。"文化大革命"期间,张育才蒙受了莫须有的罪名,但他始终以党的事业为重,从不计较个人得失,毫无怨言地忘我工作。20世纪60年代后期,张育才又投身"三线建设"之中,参与组建"102",并担任"102"副指挥长。1973年,张育才先后任"湖北省革命委员会基本建设委员会第一建筑工程局"临时党委委员、常委、第一书记。1980年,他又任"湖北省第一建筑工程局支援天津抗震救灾工程指挥部"临时党委委员、常委、书记兼指挥长。1981年,张育才调任新组建的国家"建筑工程总局第六工程局"党委书记、代局长。张育才于1984年离休,1996年病逝。

---

① 马景春,朱国强,张兰祥,等."102"工程指挥部的典范人物[M]//中国人民政治协商会议,湖北省十堰市委员会文史和学习委员会.十堰文史(第十五辑):三线建设"102"(下册).武汉:长江出版社,2016:21.

张育才以及苗树森等一大批"华建"的领导深入基层、关心职工、联系群众、及时解决问题的优良作风伴随着他们的一生,并在潜移默化中影响着"华建"的广大干部和职工,从而成为"湖北工建"无价的精神财富,为企业上下带来良好的精神风貌。他们的胸襟与情怀值得每一位工建人仰望、学习,他们是企业精神的标杆,是企业文化的重要组成部分。综观各位领导的事迹,不难发现,他们都具有相同的品质,那就是勤勤恳恳为民,始终把工人的安危冷暖放在心上,坚持深入工人群体中,与企业上下同甘苦、共忧乐、共奋进;兢兢业业干事,实干苦干,不务虚功,夙兴夜寐,勤奋工作,用出色的成绩回报大家的信任与敬重;清清白白做人,一身正气,两袖清风,严于律己,始终坚持把国家和企业的利益放在首位。老领导们留下的革命传统、革命作风在企业发展中依然能够发挥巨大作用,以习近平为首的党中央开辟了改革开放的新时代,也为建筑业提供了新的机遇和挑战,我们"唯有不忘初心,方可告慰历史、告慰先辈,方可赢得民心、赢得时代,方可善作善成、一往无前"[①]。新时代的"湖北工建"人更要继承革命传统,弘扬革命作风,传承红色基因,使"湖北工建"这支老牌建筑队伍在新时代的征程上永远立于不败之地。

第三节 领航党旗聚人心

自公营"时代建筑公司"创建以来,直到"文化大革命"爆发前,"华建"的党组织机构设置健全、组织建设稳步发展。企业党委大力抓好政治建设、组织建设、思想建设、作风建设和人才建设,积极贯彻执行党中央的方针、路线、政策,不断提高党员的思想政治水平,做好职工的思想政治工作,为我国坚持社会主义方向,坚定职工的共产主义理想信念,促进企业良好发展作出了重要贡献。

在党的领导方面,20世纪50年代初期,企业实行厂长负责制的"一长制"。党组织的任务主要是领导思想政治工作,领导工会和共青团等群团组织,监督和保证公司的生产和行政工作。1956年党的第八次全国代表大会提出"实行党委领导下的厂长负责制",由此批判了大权独揽的"一长制",实行企业内的重大问题必须经过党委决定的制度。企业的诸如年度与季度生产计划、干部任免

---

① 习近平. 在瞻仰上海中共一大会址和浙江嘉兴南湖红船时的讲话 [N]. 人民日报, 2017-11-1 (1).

和奖惩、规章制度和机构设置等重大问题，必须经党委集体讨论决定。与此同时，党委积极支持以厂长为首的行政系统行使职权，全面指导企业的施工生产工作。在党委的带领下，企业总结经验、改进工作方式，施工水平和施工质量都得到了很大提升。

在党委的领导下，党的建设良好发展，政治体系完整，党组织机构健全。以"包头总公司"为例，其自1955年成立伊始，就设立了党的基层组织委员会（如"包头总公司"一处委员会），并下设第一综合工段党总支和第二综合工段党总支两个基层党总支，而在党总支下又按照具体的施工队设立了八个党支部，实现了党组织从工程处到每一个工段以及施工队的全覆盖。1958年，公司又在党组织委员会下设立办公室、组织部、宣传部、监委。1964年，公司增设了政治处。这些部门在党委的领导下，全面开展党的组织建设、思想建设、作风建设等工作。组织部门的主要任务是在执行党的组织路线的基础上，掌握并监督各级党组织的组织工作和组织生活的情况；整顿和建设党的基层组织；教育、管理和发展党员；管理组织内部的人事档案；受理党员的申诉和来信、来访等工作[1]。自1955年以来，公司党员队伍不断发展壮大，而工人队伍则成为新党员的主力军。但后来受反右派斗争、"大跃进"运动、"反右倾"斗争的影响，发展党员的进度缓慢不前。在"文化大革命"时期，党组织生活被迫中止，党委瘫痪，党的领导遭到践踏。

就思想建设而言，"公司党委从五十年代起就健全了党内'三会一课'制度，经常举办各种类型的党员培训班，增强对广大党员的共产主义、爱国主义、党的基本知识和模范作用等教育。1959年公司党委出台了《党支部工作条例》，要求各基层党支部把党员的思想建设作为一项重要工作搞好，把党课教育制度化、经常化。"[2] 除了党员的思想建设，党委还非常重视职工的思想政治建设，配备了专门的思想政治工作机构和队伍。根据公司的特点，在工程处设政治处，各工段配备政治工作干部，班组设立宣传员。1963年，公司党委根据《国营工业企业工作条例（草案）》（简称《工业七十条》）的要求"设政治处，基层还配备了政治教导员、指导员，党总支设政工组，班组有兼职政治组长，形成一个比较完整的思想政治工作体系"[3]，从而加强了思想政治工作。当时，思想政

---

[1] 《内蒙古自治区第一建筑工程公司志》编委会. 内蒙古自治区第一建筑工程公司志：1950—1984（内部资料，未出版），1986：177.

[2] 《内蒙古自治区第一建筑工程公司志》编委会. 内蒙古自治区第一建筑工程公司志：1950—1984（内部资料，未出版），1986：177.

[3] 《内蒙古自治区第一建筑工程公司志》编委会. 内蒙古自治区第一建筑工程公司志：1950—1984（内部资料，未出版），1986：189.

治工作的基本内容是：对职工进行马克思主义基本理论教育，以共产主义思想为核心的爱国主义、国家主义教育，共产主义理想和形势、任务教育，党和政府的方针、政策教育，法制和厂规厂纪教育；号召职工向模范先进人物学习，抵制歪风邪气，反对不良倾向；对党员进行党风党纪和党的基本知识教育。党的思想政治工作的开展，增强了党和群众的联系，发挥了党员的先锋模范作用，提高了职工的政治素质，从而使广大职工坚持社会主义方向，树立共产主义劳动态度，发扬主人翁的责任意识，关心企业建设，积极参加民主管理，为企业发展和社会主义建设作贡献[①]。

在作风建设方面，公司于1958年成立党的纪律监察委员会，在党总支和党支部都设立了纪检委员。监察委员会在公司党委的领导下，主要对党员以及各级党组织工作进行监察和教育工作，完善党的自身建设和作风建设。

在公司建设初期，有这样一位老党员：他曾从军卫国，后又转业到地方建设祖国，转战南北，总是无条件服从组织安排，任劳任怨，而且他将个人得失看得很淡，将国家和单位的利益看得高于一切。这名老党员叫卫一勤，出生在那个动荡的年代，年幼时便随父母四处逃难、流浪，以乞讨过活。一直到1940年，他才回到家中，边学习边在部队任职，并于1951年参加抗美援朝战争。在前线，生与死离得很近，而他幸得战友相助才能够活命，但后来落下了神经性偏头痛的毛病。1952年7月，他调到"建二师"六团二营八连任主任教员。1953年4月，又调任"建二师"六团政治处工作，并参加"一汽"的建设。1955年"建二师"集体转业，于是卫一勤便在"包头总公司"三处宣传部任宣传干事，后来历任党委秘书、党委科技工作部部长，以及"二局"三公司党委组织部长、"八局"八公司党委办公室主任、"八局"八公司二处党总支书记等职。1969年底，卫一勤又响应国家号召来到湖北十堰参加"二汽"的建设。1979年9月，卫一勤任"湖北省第一建筑工程局"三公司副总经理，直至离休。离休后的卫一勤仍离而不休，继续发挥余热，以人大代表的身份为十堰的城市建设不断地建言献策。

卫一勤对待工作一丝不苟，勤勤恳恳，对子女教育也毫不放松。他要求子女不浪费一颗粮食、一度电、一滴水，并叮嘱子女参加工作之后要尽心竭力为国家作贡献。他懂得忆苦思甜，并以此教育子女："比起以前的苦，现在再难又算得了什么？共产党对我们这些人够好的了，生活和物质上我们不应永不知足地与他人去攀比。"卫一勤一生为国家建设奔波劳碌，唯一的遗憾就是没有为家

---

① 《内蒙古自治区第一建筑工程公司志》编委会. 内蒙古自治区第一建筑工程公司志：1950—1984（内部资料，未出版），1986：190.

乡多做几件事，也因此教育子女不要忘记自己的根在哪里，有机会要为家乡作贡献。他的儿子卫晓崗带着卫一勤的愿望，亲自执导，将老家山西寿阳刘胡兰式的女英雄——尹灵芝搬上荧幕，拍摄了电影《党的女儿尹灵芝》，为宣传家乡的人与事作贡献。

1953年，"华直二公司"成功组建，而公司的共青团委员会和基层组织也随之成立。首届团委会共由12人组成，配备书记1人，专职团干事11人；下设团总支2个，团支部23个，共有团员742人。1958年3月10日，团组织召开了首届团员代表大会，与会的正式代表有七十人，而大会主要议程为听取团委书记1957年的工作总结和1958年的工作安排的报告。当年，团中央的第三届三中全会做出了"关于组织广大青年学习马列主义和毛泽东思想"的决议，于是公司团委组织团员学习毛主席的著作，提高青年职工的政治素养和政治意识。在20世纪50年代，公司团组织面向青年职工宣扬艰苦创业的精神，积极参与全国重点工程的建设（公司在"一五"计划期间布局的156项重点工程中承建和参建了16项）。于是，公司青年突击队的红旗插在了各个建筑工程的现场，从而在整个经济社会发展中发挥生力军和突击队作用。

在三年自然灾害期间（1959—1961），公司遵照中央指示，大搞"增产节约"的群众运动，反对铺张浪费。团支部书记带领团员、入团积极分子从行动上和思想上积极参与。在团支部书记的指导和培养下，团员和青年职工从小处着手，从大处着眼，带头做起，说到做到，养成不浪费的良好习惯。团支部书记对团员和青年职工的政治、前途、生活、学习等都特别关心和重视，时刻了解和掌握他们的言语及行为等表现。比如当时公司的一位团支部书记姜广泉，以其以身作则的干部作风体现了"增产节约"运动中公司的红色基因。在曹文海的回忆中，姜广泉自己补衣服、袜子、帽子上的破洞，自己拆洗和套被褥；利用周末等业余时间带领团员和青年职工拾废铁、煤渣、旧衣服、烂鞋子、烂骨头、烂菜用来售卖，以赚取团支部的宣传和体育经费；给入团积极分子上团课，讲述革命故事、建设祖国的重要性等红色内容；邀请老干部、老工人师傅带领青年们"忆苦思甜"，使得与会者感动万分。像姜广泉这样的团支部书记在公司里还有很多，而他们的以身作则和谆谆教诲使广大青年职工和团员们真正从思想和行动上认识到"增产节约""反对浪费"运动的重要性，认识到中国人民"站起来"的来之不易，认识到自己和身边的亲人、同事、朋友应当更加珍惜和重视这样的幸福生活。姜广泉等团支部书记在公司里为青年职工的工作、学习、成长、进步、入团、入党等事宜付出了许许多多的心血和汗水。作为团组织的建设者和领头羊，他们为团的事业无私奉献出了自己的青春。

1963年，毛主席号召全国人民"向雷锋同志学习"。公司的青年职工积极响应，学雷锋见行动，做好事树新风。1964年，"二局"改组为"建工部华北工程管理局"。与此同时，公司建立了临时团委，组织团的工作。4月，公司召开团员代表大会，选举产生了团委及其书记。1965年，团组织深入开展"四好"团支部活动。从1966年开始，团组织的工作受到"文化大革命"影响，停止活动，濒于瘫痪。

公司高度重视共青团工作，注重加强青年员工的思想教育，提高青年团员的思想高度与政治站位，同时制定了一系列措施引导、教育、激励广大青年团员投身祖国的建设事业。在团组织的教育与引导下，公司涌现出了一批批优秀的团员，他们在最平凡的岗位上坚守，在最执着的坚守中奉献。在思想上，他们积极响应党的号召，在平凡细微的生活中发扬"雷锋精神"；在工作上，他们奋发有为，积极投身祖国重点工程建设。

青年团员积极向雷锋学习，以实际行动诠释"雷锋精神"。当时，广大团员和青年积极响应"向雷锋同志学习"的号召，于是公司出现了学雷锋、做好事的崭新风貌，涌现出了许多先进事迹。比如，受雷锋为人民服务精神的影响，公司一处技术股青年团员改变工作作风，将实验室转移到现场，从而最大化地服务于人民。职工医院团员、青年巡回医疗，广泛深入工地和家属区，上门送药，在第一时间给职工及其家属提供专业的医疗服务。还有的青年团员学习雷锋拾金不昧的精神，如青年工人王振义在路上捡到内有人民币270元的钱包，他没有占为己有，而是及时找到失主并归还；又如青年工人薛长明用自己的钱买了14本本子送给全组同志做笔记。在那个物资匮乏的年代，他们仍能保持高洁的心，非己之利纤毫勿占，非己之益分寸不取，甚至慷慨解囊为有困难的同志提供力所能及的帮助。学雷锋、树新风，"五讲四美三热爱"等活动的开展，不仅提高了青年团员的思想认识，提高了青年团员的道德风尚，也增强了青年团员对祖国和党的归属感。由此，青年的精神面貌呈现新的样貌。此外，青年团员积极投身祖国的重点工程建设，发挥了突击作用。在20世纪50年代，除了思想建设方面，团组织高度重视发挥青年团员艰苦创新的精神，鼓励广大青年投身祖国重点工程的建设。青年突击队积极响应，奋发有为，将红旗插在一机厂、二机厂的各个工地上，发挥了突击作用，同时积极参与在包头拖拉机厂、铝厂等工地开展的"为重点工程献青春"的活动，将青春的奋斗足迹留在了祖国大地上。

工会组织作为工人阶级的群团组织，一直站在职工身后，积极开展各类活动，配合公司党委做好宣传教育工作，切实保障职工权益，关心职工生活，从而成为党联系群众的纽带和桥梁。在"包头总公司"时期，工会组织按公司、工区、施工队三级体制设置，并开始兴起劳动竞赛。1958年9月，工程处改为公司后，工会组织仍按公司、工区、施工队三级设置，其中工区工会5个、施工队工会27个。在这一时期，工会在公司党委的领导下，日常工作主要是：负责工会组织建设、经费管理、离退休职工工资发放、职工文体活动和女工工作；教育组织广大职工积极参加两个文明建设；维护有关职工群众的切身利益和解决相关问题；配合行政部门开展文明施工、安全生产、质量检查、技术练兵、劳动生产竞赛；参与有关的劳动保护、劳动保险和工资、奖惩等工作。

从20世纪50年代起，社会主义劳动竞赛就作为调动职工生产积极性的一种好形式而长久传承。社会主义劳动竞赛由工会和行政部门共同制定方案，提出竞赛条件，检查评比方法和奖励标准，然后付诸实施。各级工会组织会同有关部门做好宣传鼓动工作，举行现场会、经验交流会，总结和推广先进经验，评比表彰先进单位和先进个人，推动生产任务的完成，同时也促使社会主义劳动竞赛深入持久地发展[①]。

1956年的社会主义劳动竞赛发动群众订规划、写保证、算细账、订措施，而在1957年开展的作为第二届先代会献礼活动的社会主义劳动竞赛中，工人群众提出合理化建议，学习先进经验。从1957年到1966年，工会分别开展了比学赶帮劳动竞赛、月评季奖、先代会、宣传、文教、科技群英会、红管家先进集体和先进个人评比、先进生产（工作）者代表会、五好竞赛评比和学习毛主席著作积极分子会等各种各样的活动。在不同时期，针对不同的生产对象，工会组织有计划地开展竞赛活动，并在竞赛中通过评比奖励工作，总结经验，表彰先进。这调动了职工群众的积极性，促进了各个时期各项任务的完成。在评比奖励工作中，20世纪50—60年代是以荣誉奖励为主。

在宣传教育上，工会利用广播、黑板报、标语等形式，配合各个时期的中心工作。在20世纪50年代，工会向广大职工进行"社会发展史"的宣传教育，启发广大职工的工人阶级觉悟和主人翁责任感。1953年，工会宣传党在过渡时期的总路线。1958年，工会宣传"大跃进""人民公社化"等运动。在20世纪60年代，工会向职工进行了独立自主、自力更生、艰苦奋斗、勤俭建国的教育，宣传了党"调整、巩固、充实、提高"的八字方针。除了组织各类报告会，工会还开展演讲和读书活动，成立读书小组，设立图书室、阅览室，并有专人负责管理。

---

① 《内蒙古自治区第一建筑工程公司志》编委会. 内蒙古自治区第一建筑工程公司志：1950—1984（内部资料，未出版），1986：184.

在文体活动方面,工会早在20世纪50年代就成立了业余宣传队,逢年过节就自编自演一些群众喜闻乐见的节目。工会规模最大时,有编剧、导演、演员60多人,并配置了自己的乐队、灯光、道具、布景、服装等设备应有尽有。1956年,工会组织了职工业余篮球队、足球队、乒乓球队,并多次参加市内体育项目比赛,而多名职工还被评为包头市体育运动先进个人代表。在20世纪60年代,工会还设有电影放映队,经常到工地巡回放映电影。

关心职工生活,也是工会工作的主要任务之一。在日常工作中,各级工会除了监督执行"劳动保险条例"和劳动保护政策,还依托自己的组织力量和财务力量对有特殊困难的职工进行补助和救济,解决职工生活上的燃眉之急。工会还配合行政部门管理职工食堂,做好病伤职工的疗养工作,协助病伤职工看病、转院工作。为维护女职工的合法权益,保障女职工的身体健康,工会还根据女职工的生理特点、体质情况,在分配工种、外出施工、高空作业等方面给予必要的照顾[1]。

在各级党委的领导下,各级工会做了大量的工作,助推了社会主义精神文明建设和物质文明建设。公司工会还先后被包头市和内蒙古总工会评为先进基层工会和业余教育先进集体。

在塞外重镇包头,艰苦的生产生活环境丝毫没有削弱年轻的职工们对于生活的热情。为活跃大家的业余文化生活,"包头总公司"在如今的包头市青山区兴建了"华建俱乐部"。"华建俱乐部"由影剧院和前、东、西三个厅组成,电影放映、戏剧演出和各类会议都在这里举办。建筑学家梁思成曾在这里作报告,中国京剧院的数位名角也曾在这里演出过《白毛女》《蔡文姬》《红娘》《日出》等许多名剧。一众职工作为忠实的观众,几乎一场不落地挤在前排为演出喝彩。每到周末,工会、妇联或共青团组织便会在俱乐部中组织舞会,若是碰上新年的通宵舞会,还有国营餐馆供应小吃。在舞会上,精通乐器的职工们自发组成乐队为大家伴奏。乐队的队长冯载华人称"大老冯",毕业于清华大学。他拉二胡、击扬琴出神入化,而其吹奏小号、黑管也同样技艺高超。"大老冯"原本不会吹黑管,是为了演奏而专门自己琢磨研究的演奏技巧。20世纪50年代,流行歌曲、外国舞曲、广东音乐都是舞会的主旋律,真可谓是中西结合、种类繁多。当音乐响起时,年轻的职工们暂时忘掉一天的疲惫,与自己的舞伴在舞池中翩翩起舞,好不热闹!

---

[1] 内蒙第二建筑工程公司修志领导小组.内蒙第二建筑工程公司志:1950—1985(内部资料,未出版),1986:134.

第四节　承前启后展锋芒

"却顾所来径,苍苍横翠微"。"华建"从成立之初一路走来,每一项任务都是通过企业上下并肩作战、攻坚进取来完成的。"群之所为事无不成,众之所举业无不胜"。困难再大,大不过人的意志;挑战再多,多不过人的智慧。"华建"从创建之初,几经分化重组,转战南北,历经时间与空间的考验,最终成长为熠熠生辉的模样。艰难险阻是"华建"成长的见证,荣耀幸福是"华建"永远的勋章!

中华人民共和国成立之初,满目疮痍,百废待兴。人民尚处在缺衣少食的境地,整个国家也是内外交困、一贫如洗。在这一物质条件极其匮乏、生存条件极其恶劣的情况下,老一辈"华建"人以超越常人的毅力和耐力,完成了一项项看似不可能完成的任务。"华建"诞生在中华人民共和国成立初期,其前身是经历过炮火洗礼的野战部队,而军人骨子里流淌的铁血军魂转移到国家建设上仍然是让人举目的存在。"人民解放军拿起武器能战斗,拿起工具能建设",这不仅仅是当时流传的一句口号,更是"华建"人的真实写照。

"华建"在中华人民共和国成立初期完成的诸多工程为共和国的发展奠定了坚实的基础。中华人民共和国成立之初,经过抗日战争和解放战争,国民经济遭到极大的破坏,国内各项基础设施千疮百孔。面对严峻形势,"华建"转战各地,积极承建国内各项建设项目。从部队营房到工业厂房,从学校到医院,从住宅到机场,"华建"承接的项目覆盖军工、地方工业、市政、民宅等领域。尤其是随着国家"一五"计划的推行,"华建"的工程建设也进入火热阶段。无论工程大小、时间长短,"华建"始终秉持"质量第一"的原则,对所有项目都是精益求精,在质量、进度上齐头并进,由此得到了各方高度一致的赞赏。尤其值得一提的是,在这一时期,"华建"在中华人民共和国国防军事领域建设中作出了巨大贡献,"华建"承建的各类军工项目高质、高速完成,受到了当时中央领导人的高度赞扬。在几十年的茌苒光阴中,"华建"取得的成就举国瞩目。这不只表明了"华建"自身实力的强大,还在更深层次昭示出其切切实实为我国各项事业的起步打下了坚实的基础。在国内外局势紧张且国内自然灾害频发的严峻条件下,"华建"克服千难万险,在祖国大地上立起一座座饱含希望的工厂、住宅和公众建筑,从而为人民的生存与生活、为社会的恢复和发展、为国家的重建和兴盛贡献出看得见、摸得着的杰作。可以说，"华建"在新生的国度里为千千万万曾经饱经磨难的劳苦大众带来了奋发图强的希望。

　　"华建"的诞生和发展为数以万计的劳动人民提供了工作机会，更为中华人民共和国成立初期艰难的国计民生贡献出了绵薄之力。中华人民共和国成立后，国内环境趋于稳定，整合收编的人民军队规模迅速扩大，供养如此庞大的军队需要巨大的物力和财力。然而，刚刚经历了抗日战争和解放战争的中华人民共和国，内忧外患又尚未完全清除。另外，中华人民共和国的建立又意味着新的国家建设的起步，而这又急需人手。因此，中央决定将部分作战部队转为建设部队，于是就有了"华建"之类的带有部队背景的建筑企业。对军队的合理规划既缓解了军需压力，又恰逢其时地为国家经济建设作出贡献。同时，在建筑队伍发展壮大、整合优化的过程中，大量的工作机会得以产生，而这在当时经济低迷、生活艰难的情况下又给许多家庭带来生活支撑。具体到"华建"，其旗下设有多个项目部门，类型繁多，再加上工程任务量重，需要的工人不仅数量多，还要质量高。因此，"华建"这一建筑队伍的成员除了转业过来的军人，还需大量吸纳社会上的能工巧匠和吃苦耐劳、踏实肯干的工人。由于连年战乱，社会上大量流动谋生的人们居无定所，朝不保夕，而"华建"的发展恰恰就提供了大量的就业机会，从而为这些人提供了稳定的工作，给无数家庭带来生活的希望。总而言之，"华建"在这一时期的发展，不仅解决了许多个体的生存发展问题，还在一定程度上缓解了社会压力，促进了社会和谐。显然，"华建"在潜移默化中成为国计民生向好发展的推动力。

　　"华建"千千万万的建设者是支持祖国建设事业的中坚力量。他们大多从战乱中一路走来，历经磨难，饱经沧桑，因此对新生的人民政权抱有极大的信心。事实上，他们作为中华人民共和国的第一批建设者，倍感光荣与自豪。可以说，他们胸中有大义，手中有力量，具有无限的建设热情以及高度的主人翁意识和责任感。开国元帅叶剑英曾写道："攻城不怕坚，攻书莫畏难，科学有险阻，苦战能过关。"在生活环境极其恶劣、施工设备极其简陋的情况下，职工们虽风餐露宿，却从未抱怨退缩，反而永远以高昂的热情和必胜的信心奔走在工地的各个角落。"千磨万击还坚劲，任尔东西南北风"。在他们心中，所有的艰难困苦都不足畏惧。所以，他们从来都是全心全意完成党和国家交给的任务，把自己的青春与满腔热血奉献给所热爱的建设事业。在这一阶段，"华建"的职工们一往无前，而"华建"的领导们更是运筹帷幄、统筹布局、呕心沥血。"华建"领导们的工作能力令人敬佩毋庸置疑，然而细节彰显的人性光辉更令人动容。华建杰出的领导代表苗树森不仅工作能力超强，而且十分关心职工们的生活，积极帮助困难职工解决困难，时时处处以身作则。和苗树森一样，张育才也是从战场上走下来的英雄。他在战场上出色地完成了党组织交给他的各项任务，及至中华人民共和国成立后又转入建筑队伍，转战南北，兢兢业业。这样一位为国家殚精竭虑的英雄，永远把国家放在第一位，不计较个人得失，坚持工作，克服万难。在"华建"中，无论是工人还是领导，都有着为祖国建设"鞠躬尽瘁，死而后已"的决心。正是这样一群赤诚的人们，成为祖国建设事业的中流砥柱。

"华建"各级党组织发挥的领导核心作用，是"华建"发展壮大、优化整合中的关键一环。党政军民学，东西南北中，党是领导一切的。从"华建"成立之时起，党的领导便一直伴随在"华建"发展壮大的历程之中。"华建"是一个庞大且复杂的建筑队伍，其中包含的各级建筑队伍的设立总会有相应的党组织随之成立。各级党组织在领导思想政治工作、领导工会和共青团等群团组织、监督和保证公司的生产和行政工作等方面发挥了不可替代的作用，从而保证了"华建"始终走在正确的前进道路上。应该说，这是"华建"集体凝聚力、向心力的奠基石。在党的领导过程中，"华建"涌现出一批批优秀的共产党员。他们将毕生精力都奉献给党和国家，奉献给"华建"这支无往不胜的建筑铁军，从而成为"华建"成长的领航者与指路人。卫一勤参军卫国，转战南北，一生都在为党和国家奔波，而转业至"华建"工作期间，他更是严谨认真，宵衣旰食。及至退休后，他也在发光发热，为家乡建设建言献策。卫一勤不仅严格要求自己，还要求子女也要一心为国，为祖国建设作贡献。姜广泉作为团支部书记，时刻关心着青年的政治、前途、学习和生活。在三年自然灾害期间，姜广泉以身作则，勤俭节约，开源节流，身体力行地给予广大青年以谆谆教导，从而给青年们带来思想上的洗礼和行动上的改变。各级党组织的设立是"华建"成长的"骨骼支撑"，而它们在政治、思想、纪律、作风等方面的作为则将团魂无声地浸润在"华建"人的血脉之中，生生不息。而且，工会在党委的领导下，积极推出各种为职工送温暖的活动，关心职工生活，并且举办各种体育竞赛、娱乐项目，为辛苦工作的职工们带来欢乐，使他们在艰苦的环境中也依然保持对生活的热情。有了党的领导，"华建"才会行走在正确的道路上；有了党的领导，"华建"才能在成长中日益壮大。

"星光不问赶路人，时间不负奋斗者"。带着曾经的战地英雄光环的"华建"承袭着部队的铁血，虽已誉满华北建筑行业，却一直保持昂扬姿态，继续苦干实干，增强韧劲定力，不断开拓新征程。此外，"华建"还将启迪、影响后来者，为后来的建筑队伍走向辉煌树立丰碑。

第二章
三线忙建设
十堰奏凯歌
（1969—1981）

"湖北工建"由"102"所属大部分单位直接嬗变而来,而构成"102"的许多单位又来自当时的"华建"——"八局"。后来,这些单位大多直接成为"湖北工建"各单位的前身。比如,"湖北工建"一公司即"102"第四工程团,脱胎于"八局"八公司;"湖北工建"三公司即"102"第六工程团,脱胎于"八局"一公司;"湖北工建"安装公司即"102"第二安装团,脱胎于"八局"第一安装公司。诸如此类,不一而足。这一系列的拆分、组合变化,都肇始于国家的一项重大战略,那就是"三线建设"。当时,位于三线腹地的鄂西地区展开了争分夺秒、如火如荼的大建设。不久后,地处鄂西北的十堰被选定为国家"三五"计划重点项目之一"二汽"建设的厂址所在,而专为"二汽"建设量身打造的"102"便应运而生,并最终将鄂西的"三线建设"推向了高潮。在"102"建设者的血汗挥洒下,十堰的"二汽"建设奏响了一波又一波的凯歌,乃至今天的十堰被誉为名副其实的"车城"。

第一节 深山老林创车城

在"三线建设"开展之前,十堰本是一个山沟沟里的小镇,交通闭塞,生活落后。但唯其如此,才符合"三线建设"时期靠山、隐蔽、有利备战的国防要求。在深山老林里开荒建设,其艰难困苦可想而知。然而,"湖北工建"的先辈们——"102"建设者响应"三线建设"的号召,不畏艰苦,克服万难,愣是在这深山老林中开辟出了一片广阔的战场,打造出了至今都享誉中外的"二汽",同时也将十堰这个曾经的深山小镇一步步助推成如今的地级市"车城"。

一、三线固国防

1964年8月,"三线建设"正式拉开帷幕。在中华人民共和国历史上,"三线建设"是一个规模空前的经济建设战略,长达17年,横亘三个"五年计划"(1966年至1970年的"三五"计划、1971年至1975年的"四五"计划以及1976年至1980年的"五五"计划)。在国家"备战备荒为人民""好人好马上三线"的时代号召下,全国几百万干部、工人、知识分子、解放军战士以及上千万民工建设者来到祖国的三线地区,用鲜血和汗水建设了1100多个大、中型工矿企业、科研单位、大专院校,形成了强大的能源、交通、钢铁、电子、军工等门类较为齐全的工业体系。地处内陆较为偏远的三线地区由此变成一道可靠的大后方科技屏障，而这又初步改变了中国东西部工业布局、经济发展不平衡的局面，为我国中、西部偏远地区和边疆的社会进步作出了极大的贡献。

20世纪60年代的"三线建设"战略，是以毛主席为核心的党中央依据当时的国际形势和我国的自然条件、社会经济条件而提出的。首先，对于国内而言，经历了"一五""二五"计划的建设，国民经济得到了一定的提升，但三年自然灾害影响仍在延绵，国家的综合国力仍然有待加强。因此，"三五"计划推迟到1966年开始，而最初1964年国家计划委员会制定"三五"计划的重点是集中力量解决人民"吃、穿、用的问题（当然是低水平）"[1]。但是，从国际情况来看，当时的国际局势较为严峻。一方面，中苏关系在经历一段蜜月期之后，自1958年起接连发生了"长波电台""联合舰队""炮打金门"等事件，而且苏联还单方面冻结《中苏友好同盟互助条约》，撕毁上百个经济技术合作协定和合同。后来，苏联向中苏边境陆续增派军队至近百万人，同时派军进驻蒙古人民共和国（今蒙古国），建立军事基地和导弹发射基地，甚至主张对我国实行原子弹进攻政策。其实，"早在1964年，中国就感受到了来自苏联的核威胁"[2]。总之，中苏关系逐渐恶化，走向破裂甚至对立。此外，中印两国的边境冲突也有所升级。另一方面，美国在当时推进侵略扩张政策。在朝鲜战争失败后，美国在日本、韩国、菲律宾、泰国及台湾地区建立数十个军事基地，对我国形成"半月形"包围。1954年后，美国进入越南南方地区，不断挑起战火，尤其是1964年的"北部湾事件"，已然将战火逐渐逼近我国的南大门，直接威胁到我国的安全。与此同时，美国还联合苏联，计划对我国实施核打击，逼停我国核计划。在东南沿海地区和广东沿海地区，蒋介石政权还多次派武装特务部队进行骚扰，准备建立大规模"游击走廊"，进犯大陆。

在如此危急的国际形势之下，我国的工业布局状况却非常危险和脆弱：东北的重工业几乎都在苏联轰炸机1小时航程和中短程导弹射程之内，而以上海为中枢的华东工业区也全部在美国航母和台湾的航空兵炮火覆盖范围之内。1964年4月25日，中央军委总参谋部提出的一份报告指出，我国经济发展应对战争情况存在种种弊端："一是工业过于集中，十四个一百万人口以上的大城市就集中了约60%的主要民用机械，50%的化学工业和52%的国防工业。二是大城市人口多。据1962年底的统计，全国有14个百万级人口以上的城市，有20个50万至100万人口的城市，这些城市大部分在沿海地区，易遭空袭。三是

---

① 李彩华. 三线建设研究［M］. 长春：吉林大学出版社，2004：3.
② 陈东林. 三线建设：备战时期的西部开发［M］. 北京：中共中央党校出版社，2003：94.

主要铁路枢纽、桥梁和港口码头多在大、中型城市及其附近,易遭敌人轰炸时一起破坏。四是所有水库紧急泄水能力都很小,一旦遭到破坏,将造成巨大灾害。"总参谋部的这份报告引起了毛主席和中共中央的高度重视①。

鉴于国内外的严峻形势,党和国家领导人多次讨论,最终决定将起初以恢复国民经济、保障吃穿用为主的"三五"计划目标逐渐转向以建设三线地区为中心,从防范帝国主义出发,把国防安全放在第一位。1965年11月,国务院通过了国家计划委员会《关于第三个五年计划安排情况的汇报提纲(草案)》。该草案提出,"三五"计划必须着重解决五个问题。一是立足于打仗,争取时间,改变布局,加强三线地区的建设,尤其是国防建设。二是加快三线地区的建设,这是中央的既定方针,也是"三五"计划的核心。一、二线地区理应为三线地区的建设出人、出钱、出技术、出材料、出设备,由此一、二、三线地区相互促进。三是"三五"计划建设的重点是三线地区。但是,不同的行业布局要根据具体情况来决定,比如冶金、机械、化工、石油、国防工业,以及配合这些建设的煤炭、电力和交通运输,一定要把建设的重点放在三线地区。四是三线地区的工业布点,要注意靠山近水,并充分利用这一地区丰富的水力资源来发展水运。五是为了使三线地区的农业生产,特别是粮食生产能够很快地上去,从而支援工业建设,逐步增加后方的粮食储备,三线地区的化肥建设应当先走一步(主要利用四川的天然气建设搞合成氨)②。

从自然条件而言,三线地区大部分位于我国的第二级阶梯上,距离海岸线和陆地国境线较远,同时有天然山系阻隔,纵深位置优越。还有,三线地区的自然资源丰富,尤其是矿产和水能资源。此外,三线地区的农业发展条件及形势较好,耕地面积广大,气候适宜,能为"三线建设"的发展提供有力的支撑。

基于以上种种,地处三线地区腹地的鄂西在当时具有得天独厚的地理优势,而一系列工业项目、国防工程落户鄂西也就不难理解了。当然,其中最为著名又影响最深者当属落户鄂西北十堰的"二汽"。

二、十堰担大任

"二汽"的建设事关国计民生,在当时那个特殊的年代更关乎国防安全。其实,早在1952年中共中央就提出要兴建"二汽"。为此,国家进行了大量的前期准备工作。但是出于种种原因,筹建工作于1957年停止。"三线建设"开始

---

① 李富春,薄一波,罗瑞卿.关于国家经济建设如何防备敌人突然袭击问题的报告[J].党的文献,1995(3):33-35.

② 李彩华.三线建设研究[M].长春:吉林大学出版社,2004:13-14.

后,"二汽"的建设又被提上了日程,甚至还被国家作为重点项目列入了"三五"计划。1965年12月,国家成立"二汽"筹备处,开展全面筹备工作。依据靠山、隐蔽、有利备战的大方向要求,经过对几十个县市的勘踏比较,国家最终选定鄂西北郧阳地区一个只有近百户居民的小镇——十堰作为"二汽"的建设地址。

1966年8月22日,国家建设委员会决定将"北京三建"全部建制5828人、"北京建工局"西郊构件厂全部建制400人、"北京建工局"机械公司汽车一厂建制382人、"北京建工局"工业安装公司一个工区建制577人、"建工部"材料公司三站建制193人,共计7380人,调至十堰襄助"二汽"建设[①]。这批队伍的一部分人当年就进入十堰,并于1967年4月1日在"二汽"建设正式开工后,兴建了通用铸锻厂、设备修造厂、机动处、供应处、专业厂通信等。但因为"文化大革命"的干扰,这一时期的"二汽"建设尚处于边设计、边施工的阶段,不但未能大规模展开,反而一度停滞。

1969年1月,国务院正式批准"二汽"在十堰的建设方案。2月中旬,"红卫地区建设总指挥部"(后于1971年改称"第二汽车制造厂建设总指挥部")宣告成立,下辖五个分部:第一分部为十堰办事处(负责地材生产和供应),第二分部为"二汽"汽车运输团(负责运输),第三分部为"二汽",第四分部为东风轮胎厂(负责轮胎生产),而第五分部则为"二汽"第二修建处和铁路处(负责厂区公路、铁路建设)。此外,"红卫地区建设总指挥部"另辖承担"二汽"基本建设施工任务的"102"。其中,"红卫地区"和"102"在当时都是保密代号。前者其实指的是郧阳地区,且尤指十堰,而后者则根本就是指"二汽"建设工程指挥部。1969年5月,"建工部"军事管制委员会下达命令:正式批复在湖北十堰成立"建工部102工程指挥部",负责"二汽"基本建设施工任务。"102"以先期进入十堰展开建设的"北京三建"为基础,又新调进"建工部第六工程局"(以下简称"六局")四处,以及"八局"的一公司、八公司、第一安装公司、局科研所、局机关(部分)等单位。从1969年6月起,这些单位及其职工和新招收的职工子弟,陆续从贵州、湖南、四川、山西以及北京、包头、呼和浩特、大庆等省、市开赴湖北十堰,共襄"二汽"建设,同助"三线建设"。

在"二汽"建设初期,"102"有正式员工3.3万人,临时工7000多人,其下设7个土建工程团、2个安装团、1个机械运输团、1个土石方工程团、1个

---

① 中国人民政治协商会议、湖北省十堰市委员会文史和学习委员会.十堰文史:三线建设·"102"卷(上)[M].武汉:长江出版社,2016:2.

机械修配厂、1个木材加工厂、1个构件厂、1个建筑科学研究所、1个材料供应处、1个职工医院等17个二级单位。其中,第一工程团①、第二工程团、第三工程团以及第一安装团主要源自"北京三建"(一工区、二工区、三工区、水电队、机关和配属队伍等下属单位)、"北京建工局"工业安装公司;第四工程团主要源自"八局"八公司(三处、四处、直属队、加工厂等下属单位);第五工程团主要源自"六局"四处;第六工程团主要源自"八局"一公司;第七工程团主要源自"八局"八公司(二处、机关、技校等下属单位);第二安装团主要源自"八局"第一安装公司;机械运输团主要源自"北京三建"机械运输队、"北京建工局"机械公司汽车一厂、"八局"第一机械运输公司;土石方工程团主要源自中国人民解放军基本建设工程兵(简称"基建工程兵")第21、22、31支队;机械修配厂主要源自沈阳建筑工业学校、北京建筑技工学校、"基建工程兵"第21支队;木材加工厂主要源自北京市新京木材厂、"北京三建";构件厂主要源自"北京建工局"西郊构件厂、"八局"轻质材料厂、"八局"八公司在海勃湾的构件厂;建筑科学研究所主要源自"八局"科研所;材料供应处主要源自"建工部"材料公司三站、"六局"四处;职工医院主要源自北京市的配备以及1969年加入的"八局"包头职工医院。不难看出,"102"的队伍主要来自四个方面:一是"建工部",包括"六局""八局""建工部"材料公司三站等;二是北京市及"北京建工局",包括北京市新京木材厂以及"北京三建""北京建工局"的机械公司汽车一厂、"北京建工局"的西郊构件厂等;三是建筑学校,包括沈阳建筑工业学校、北京建筑技工学校等;四是部队,包括"基建工程兵"第21、22、31支队等。其中,"八局"覆盖了"102"17个单位中的8个,而"八局"即当时的"华建"。因此可以说,"102"具有浓厚的"华建"血统,而"二汽"的建设又是"华建"这一具有光荣传统的建筑铁军在十堰的锋芒再露。

1973年初,"二汽"建设完成工业建筑面积78万平方米,供水管线45千米,专用铁路线35千米,变电站5座。除了26个专业工厂,后来"102"还承担了升级为县级市的十堰的城市建设任务,陆续建设了东风剧院、金融大厦、太和医院住院大楼、市体育馆、金穗大厦、十堰市人民银行大厦、张湾百货大楼、十堰市冷库,以及土门、六堰、张湾、苟培等地的住宅小区。由此,"102"不仅完成了深山造厂的艰巨任务,还在这崇山峻岭中开辟了一座东方车城。

1972年12月,随着"二汽"厂房的基本建成,"二汽"项目陆续上马。

---

① 第一工程团代号为"五七一团"。出于保密需要,当时各工程团与"二汽"专业厂同步启用代号,如第四工程团代号"五七四团","二汽"总装厂代号"五七四三厂","二汽"铸造一厂代号"五七四八厂"等。

1973年初,"北京三建"1万余人调回北京。与此同时,经国家建设委员会同意,湖北省革命委员会基本建设委员会决定,留在十堰的"102"所辖单位改建为"湖北省革命委员会基本建设委员会第一建筑工程局"(以下简称"湖北省建委第一工程局"),并继续承建"二汽"的相关项目及十堰市的建设。1973年1月1日,"湖北省建委第一工程局"正式挂牌,而时任党委第一书记是张育才。"湖北省建委第一工程局"在创建之初共有23000余名职工,家属工、临时工万余人,主要辖13个单位:一公司(源自"102"第四工程团)、二公司(源自"102"第五工程团)、三公司(源自"102"第六工程团)、四公司(源自"102"第七工程团)、工业设备安装公司(源自"102"第二安装团)、机械运输公司(源自"102"机械运输团)、土石方工程公司(源自"102"土石方工程团)、机械修配厂(源自"102"机械修配厂)、木材加工厂(源自"102"木材加工厂,后于1974年划归一公司,又于1982年划归三公司)、混凝土预制构件厂(源自"102"构件厂,不久后划归四公司,又于1980年划归三公司)、建筑科学研究所(源自"102"建筑科学研究所)、材料供应处(源自"102"材料供应处)、职工医院(源自"102"职工医院)①。在这13个单位中,一公司、三公司、四公司、工业设备安装公司、机械运输公司、混凝土预制构件厂、建筑科学研究所、职工医院等8个单位都主要源自当时的"华建"——"八局"。显然,较之于"102","湖北省建委第一工程局"具有更为浓厚的"华建"血统。不唯如此,"湖北省建委第一工程局"的诞生,还意味着出身"华建"的一支建筑劲旅终于彻底落户十堰,从而深深地打上了"湖北"的印记,并因此成为"湖北工建"第一个带有"湖北"字样的前身。

1973年2月,郧阳地区所辖县级市——十堰市改为省辖市,实现地市分离。升格后的十堰市辖十堰、茅箭、白浪、大川、东风、花果、黄龙、大峡等8个人民公社。不久之后,十堰市又与"二汽"实行政企合一,即一个机构、一套领导班子、两块牌子。1975年3月15日,湖北省革命委员会决定,"湖北省建委第一工程局"更名为"湖北省第一建筑工程局"(以下简称"湖北省第一建工局"),为地区级企业单位,党政关系由十堰市领导,业务归口湖北省建设委员会。

1976年7月28日,河北唐山发生特大地震,造成了巨大的损失。国家建设

---

① 马景春. 回顾国家建委"102"工程指挥部[M]//中国人民政治协商会议,湖北省十堰市委员会文史和学习委员会. 十堰文史(第十五辑):三线建设"102"(上册). 武汉:长江出版社,2016:1-22.

委员会决定,由"湖北省第一建工局"组织施工队伍,配备必要的设备,支援天津、塘沽抗震救灾,恢复生产。由此,"湖北省第一建工局"二公司、四公司、局机关及其他下属单位抽调人员先后前往天津、塘沽、汉沽担负灾后重建任务。根据抗震救灾的需要,"湖北省第一建工局"成立"支援天津抗震救灾工程指挥部",参加灾后重建。1976年12月27日,经十堰市委批准,又成立"中共湖北省第一建筑工程局支援天津抗震救灾工程指挥部临时委员会",由"湖北省第一建工局"时任党委副书记王树本兼任指挥部临时党委书记。从支援天津抗震救灾时开始,"湖北省第一建工局"陆续将1万多名职工调往天津、塘沽、汉沽地区,俨然分为"南北局":南局(总部所在)驻十堰,北局(抗震救灾指挥部所在)驻天津。

1980年10月,经中共湖北省委批准,张育才任"湖北省支援天津建设指挥部"临时党委书记、指挥长,王树本、张兰祥任副书记,边定、马凤山任临时党委常委、副指挥长,李子雅任副指挥长、副总工程师,领导指挥支援抗震救灾工作。与此同时,这些领导不再担任"湖北省第一建工局"的领导职务。不久之后,经国务院批准,"湖北省第一建工局"奔赴天津地区支援抗震救灾的施工队伍调离"湖北省第一建工局",组建国家"建筑工程总局第六工程局"。由此,二公司成建制被划走,而四公司则被划走绝大部分人员。另外,湖北省委对"湖北省第一建工局"的领导班子进行了调整,其中郭云武任党委书记,洪滋任局长。新的领导班子又对"湖北省第一建工局"留在湖北的施工力量进行了重新整合,第四建筑工程公司最终建制撤销。至此,"湖北省第一建工局"的"南北局"正式分家,但重新整合的"湖北省第一建工局"的"华建"血统愈加纯粹,因其绝大部分成员都来自"八局"。

从设市的1969年至2020年,十堰在短短的50多年时间里逐渐成为驰名中外的汽车城市。然而,当初的十堰只是一个火车都不通的贫穷山坳,地理位置偏僻,现代化进程缓慢。可以说,"二汽"给了十堰新生的活力,令十堰熠熠生辉,而建设"二汽"并搭起十堰骨架的"102"理应成为十堰发展史上浓墨重彩的一笔。"102"的名称在十堰历史上仅仅留存了3年左右的时间,但其所创造的"102精神"成为所有"102"成员乃至整个十堰不朽的文化历史。这让4万余人终生难忘,铭记至今。"湖北工建"作为最完整地继承"102"红色基因、"华建"血统的企业,至今仍发扬着这种精神。建设"二汽"的先辈们很多曾经历战争的洗礼,又在十堰深山中熬过"三线建设"的苦战。他们在"干打垒"建造的简陋棚屋中,"下雨当流汗,刮风当电扇",造出了深山车城。至今,十堰市北京路仍留存着当年一栋三层的"干打垒"房屋。在现代化的水泥森林中,这显得有些突兀且寒酸。然而,那是"102"曾经生活过的地方,展现的是"102"为国奉献、自力更生、乐于奉献、艰苦奋斗的创业精神。这种精神历经半个世纪的洗礼，历久弥新，并在新一代"湖北工建"人的身上大放光彩。

第二节 好人好马上三线

"三线建设"时期有一个著名的口号，即"好人好马上三线"。这意味着国家将最好的人员输送到三线，同时也将最好的物资配置给三线。显然，被选中前往十堰参与"三线建设"的"102"成员，也都是优秀的建设者。"102"后来重组机构，先后历经"湖北省建委第一工程局""湖北省第一建工局"的名称变更，但从"102"到"湖北省建委第一工程局"再到"湖北省第一建工局"的建筑铁军都是"湖北工建"的先辈们。因此可以说，"二汽"乃至整个十堰的建设就是优秀的"湖北工建"的先辈们殚精竭虑、共同协作的结晶，而他们也无愧"好人"的时代光环。

一、个人树榜样

在"三线建设"大潮中，"湖北工建"的先辈们奋斗在鄂西北十堰，围绕着"二汽"展开建设，并相继涌现出了一位又一位榜样人物。

（一）肝胆照前行

张百发（1934—2019），河北香河人。1951年，时年17岁的张百发就加入"北京三建"成为一名钢筋学徒工。1954年，张百发和其他11名青年组成北京市第一支钢筋工青年突击队，并由时年20岁的张百发担任队长。他所带领的队伍，在13年的时间里先后参与北京工人体育馆、人民大会堂等70多个工程的建设，屡立奇功。正因如此，张百发多次获得"北京市劳动模范""全国青年社会主义建设积极分子""全国先进生产者""全国劳动模范"等荣誉称号。

1969年，张百发随"北京三建"开赴十堰参加"二汽"建设，担任"红卫地区建设总指挥部"所辖第一分部的副指挥长，主管马家河水库的施工改造。修建于20世纪50年代的马家河水库彼时已难以满足当地各类用水需求，加之年久失修，坝体松垮，改造升级迫在眉睫。在张百发的带领下，工程部迅速制定好了加固改造任务的计划。等到施工开始后，张百发无论工作多么繁忙，都会时刻关注施工情况。每当施工出现问题时，张百发都会身先士卒，第一时间前往工程一线解决问题。毫不夸张地说，张百发严谨认真的工作态度和身体力行的工作作风令当时的人们大为折服。后来，在各方面力量的共同努力之下，马家河水库仅在一年的时间里就顺利完成了加固改造。

1972年底，来自"北京三建"的职工分批撤回北京。不过，其湖北籍职工与当时"102"的第二安装团合并，留在了湖北。张百发也留任湖北，并担任"102"第二安装团党委副书记（同时还担任"北京三建"党委副书记）。张百发虽为领导，但其住所与普通职工并无两样，而其办公地点就设在十堰张湾秦家沟的一个山坡上。

在带领工人们进行各种建设任务的时候，张百发从不带一点官架子，与工人们相处甚是融洽。可以说，工人出身的他，扎扎实实干到了较高的职务，却从未失去初心。他时时刻刻关心身边的工人，尤其是生活有困难的职工。只要有空，他就会亲自在食堂为职工掌勺打饭，还特别照顾生活困难、干重活的工人。在那个艰苦岁月中，他不搞特殊，与大家一起吃食堂。有时为了改善工人的生活，还专程找人打鱼给大家吃。私下里，工人们都称他为"咱们的百发书记"，十分亲切。有时职工在生活中遇到了难处，张百发也会贴心地和大家聊天。谈到兴致之处，他还会为大家唱一段京剧。在悠扬的京韵声中，一切烦恼仿佛都烟消云散了。

张百发还热爱体育运动，积极践行体育精神。单位里举办的体育比赛，他总是积极参加。张百发爱打乒乓球，还因此给单位建设乒乓球队解决了不少难题，比如专门从北京带来一张乒乓球桌供大家使用。在乒乓球队员训练时，他也常常参与其中，而其不俗的球技总能让人眼前一亮。有队员开玩笑说，百发书记是他们的编外球员。在与球员切磋的过程中，张百发无拘无束，亲切和蔼，这让职工对他的好感不断加深，而整个团队也因此更加有凝聚力。有一次，第二安装团的男子篮球队代表"102"与"101"（即"建筑工程部101工程指挥部"）的球队打友谊赛，张百发也随同前往。可惜球队败给了对手，且个别球员甚至做出了不理智的行为。为此，张百发到球员们所在的车上严厉地批评了他们，并耐心教导他们切勿自乱阵脚，应尊重对手，展现良好的素质和拼搏的精神。可以说，此次失败所得到的教训让整个球队受益匪浅。在张百发的关注和教育下，球队迅速成长，还曾在湖北省运动会中取得好成绩，尤其是个别队员还被选拔至省队，一时被传为佳话。

张百发还时刻牵挂着山里的百姓、团里的职工。1974年初，张百发告别秦家沟回到北京，而在离开之前，他始终不忘为山沟里的百姓做些实事。秦家沟通往山上只有一条300米的土路，张百发一直想将之修成水泥路。但因时间仓促，张百发在即将调回北京前都未能实现这个美好愿望，而这也成为他在秦家沟的一大遗憾。回到北京后，他依然对十堰有着深厚情感，常常挂念着十堰的老同志们。在 20 世纪 80、90 年代，他还举荐"102"承续单位参与"北京亚运会"工程的建设，对"102"的发展产生了深远的影响。

时人评价张百发：乐观积极、幽默风趣、淳朴实在。事实上，张百发在工作上关心工人并与之同甘共苦，能够深入群众而深受群众爱戴。建设工作大大小小的事，他都要亲自过问，尽职尽责，这也让他所带领团队的建设任务总能提前高质量完成。时至今日，十堰的老职工、老同志仍念念不忘百发书记。所谓"吃水不忘挖井人"，张百发对"102"乃至整个"二汽"建设、十堰建设所作出的贡献都值得铭记。

张百发始终不忘自己也曾是一名普通的建筑工人，在不忘自己走过的路的同时，也不忘自己的初心。回京之后的张百发依然为党和人民的事业呕心沥血，为北京的发展作出了卓越的贡献。可以说，他的兢兢业业、艰苦奋斗让历史铭记。他永远与劳动人民站在一起，永远把人民群众的利益放在首位，矢志不渝地发扬一个优秀共产党员的精神。他不忘党和人民的重托，时刻发挥着自己的光和热。只有始终不忘自己的根，不忘脚踏实地，才能更好地为人民服务，实现自己的价值，而这些也正需要我们学习和传承。

（二）尽瘁沥心血

魏万荣（1927—1970），北京人。魏万荣在 17 岁时参加抗日战争，曾经追随苗树森扛枪打过日本兵；在 19 岁时参加解放东北的"四平保卫战"；在 23 岁时又参加抗美援朝，荣获"金日成勋章"。抗美援朝胜利后，他随部队建制转业，后在"八局"机械运输公司工作。虽然他的文化程度不高，甚至没有上过几天学，但他并非"大老粗"。事实上，他不仅勤奋好学，时刻努力学习不断提升自己，还在工作上扎扎实实、作风严谨。他很喜欢读书看报纸，除了常看单位订阅的报刊，还专门订购了一份报刊在家阅读和学习。正因如此，每逢单位开大会，需要他作报告或发言时，他总能恰如其分地引用国家政策规定和时事政治，启发、引导大家学习和思考。而且，他大多是脱稿即兴演讲，很少照本宣科。据他家人后来回忆：有一天深夜，家里人很好奇地发现魏万荣在外边微弱的路灯下来回转悠，嘴里还不停地念叨诸如"撤掉杜布切克，换上胡萨克"之类的句子[①]。后来，他的家人才了解到，他那是在准

---

① 魏巍. 我的父亲——魏万荣[M]//中国人民政治协商会议，湖北省十堰市委员会文史和学习委员会. 十堰文史（第十五辑）：三线建设"102"（下册）. 武汉：长江出版社，2016：66.

备第二天公司形势报告会上的讲话,而反复练习的内容就是苏联军队占领捷克斯洛伐克的相关内容。

"文化大革命"开始后,魏万荣也受到影响。1969年5月,苗树森亲赴山西、内蒙古等地动员"八局"大部人员投入国家"三线建设"中去,而魏万荣的命运也发生了重大转折。当时,苗树森亲自到魏万荣家中做思想工作,与魏万荣进行了长达几个小时的交流。一向把国家和组织需要摆在首位的魏万荣,为了不辜负组织的信任和老首长的嘱托,毅然积极响应党的号召,克服身患疾病的困难,带头参加"三线建设"。当年6月,魏万荣率领少部分人员从内蒙古包头到湖北十堰进行实地勘察,为"八局"大部队进驻现场打前站并做好相关准备工作。返回包头后,他抓紧时间迅速组织参加"三线建设"的机械施工队伍,并于8月底率队开进"二汽"建设工地。

魏万荣曾任"102"机械运输团革命委员会副主任,而该团是一个拥有2000多人、由3个单位合并重组的大队伍。他本来主要负责人事、机械和生产,但建团初期其他团领导一时间尚未到位,于是他只能"能者多劳"了。当时,诸如为双职工解决临时住房、家属基地建设和学校建设等关乎"吃喝拉撒"的后勤保障工作,也都压在了魏万荣身上。然而,事无巨细,他都挑担在肩,切实解决。

在当年那个特殊的时代,国家的安全形势异常紧迫,而"三线建设"就显得迫在眉睫。于是,每个有觉悟的人都全力以赴、义无反顾。面对诸多困难和问题,魏万荣并没有感到忙乱和害怕:紧张的状态仿佛再现了战争年代拧紧发条就不会松劲的节奏,而绷紧的神经又仿佛使他找回了重返战场的激情。他立即投入繁忙的工作之中,以至于办公室都成为宿舍:白天可以开会,实在困了就直接在办公室打个盹。在那段时间里,魏万荣几乎就没有在节假日休息过,甚至连一个月一天的"大礼拜"都无法保证。有一次,他的同事看见魏万荣的身体实在顶不住了,就迫不得已地将他锁在办公室,逼他休息。在1970年的春节放假期间,魏万荣的一个亲戚好不容易把他拉到自己家里,想让他安安生生地吃顿年夜饭。可是当饭菜做好时,亲戚却发现魏万荣已经坐在椅子上睡着了,怎么喊都喊不醒,于是只好把他架到床上躺下休息。

魏万荣一心一意干好自己的本职工作,竭尽所能助力"三线建设"。为熟悉掌握机械运输团机械、人事方面的基本情况,他下足"内功",仅是凭着记忆力,硬是把几百台机械是什么型号、哪个厂家生产、机长是谁,甚至机长是哪里人、几级工、家住哪儿、家有几口人的情况都烂熟于心,如数家珍。也正因如此,哪个工地根据需要进场什么施工设备、驾驶员的特点情况他都一清二楚,而这给施工带来了极大的便利。

魏万荣对待每一名工人既是同志又像是亲人，无论是在工作中还是在生活中，他始终坚持和大家打成一片。在那个深受"极左思潮"影响的年代，"二汽"建设工地也难免出现不符合科学规律、不切合客观实际、不讲究施工条件的"瞎指挥"。当时的施工单位经常在冠冕堂皇的"打破洋教条"口号下建设施工，以至于工伤事故频发，工程质量和工人个体安全都难以得到保证。这一切使得魏万荣忧心忡忡、焦虑不安，于是他身先士卒，在持续拼设备、拼人力的"大会战"项目中，在一个个节奏快、危险高的施工工地上，尽可能全时全程地与工人们战斗在一起。

1970年初春的一个夜晚，天空还下着雨，刚开完会的魏万荣得知"二汽"五七四六厂工地上正在进行上部结构吊装，放不下心的他立即搭着运送砂石的货车赶到现场。在工地上，他忙着给大家递工具、拉小料、扶构件，还亲自爬上了距离地面10余米高的吊装作业面，指挥大家操作。直至后半夜吊装结束时，工人们才发现魏万荣已经浑身湿透、毫无气力地趴在厂房屋面的探照灯上。在场的工人们都含着热泪，好不容易才把他从厂房作业面上背了下来。可是，他们哪里知道，当时的魏万荣已经是一个"肝硬化合并肝腹水"的重病患者。

魏万荣在十堰工作的9个月里，每月工资160余元。但他除去自己吃饭、吸烟等日常开支外，几乎把所有剩余的钱都用来周济因调动、患病、子女众多而生活困难的干部和职工。为此，他从没给家里捎过钱，直到去世时，他身上仅剩70多元。

1970年的"二汽"建设现场如火如荼，各专业厂房的土建工程全面铺开。"102"机械运输团是厂房上部结构吊装唯一专业单位，但存在缺少大吨位平板拖车、履带吊车运动性差等诸多困难。厂房吊装施工既是关键环节，又是制约后续施工的"瓶颈问题"。在买不来大型平板拖车的情况下，"102"决定由机械运输团研发制作7台60吨平板拖车以解决当前困难。作为平板拖车制作攻关领导小组组长的魏万荣，在这场攻关战役的25个日日夜夜中，倾尽全力扑在了平板拖车制造工地，协调解决各部门间的工作，指挥调配技术人员，全程参与"诸葛亮会"攻坚会，乃至同事们都说，"白天黑夜都能看见披着军大衣的魏头儿，在现场着了急还从工人手中抢过大锤抡几下"[1]。经过大家的同心协力、顽强拼搏，第一台平板拖车终于制作成功并验收合格，而平板拖车的成功研制为"二汽"建设立下了汗马功劳。然而，也就是这场战役几乎掏空了魏万荣的精

---

[1] 魏巍. 我的父亲——魏万荣[M]//中国人民政治协商会议，湖北省十堰市委员会文史和学习委员会. 十堰文史（第十五辑）：三线建设"102"（下册）. 武汉：长江出版社，2016：70.

力。在来到"二汽"建设现场仅仅9个月后,他倒下了。那是1970年的劳动节,当天"102"机械运输团驶出两辆"解放牌"汽车,一辆车载着敲锣打鼓的人们前往"102"报捷60吨平板拖车研制成功,另一辆车则载着魏万荣前往"102"职工医院抢救。

1970年5月21日,年仅43岁的魏万荣在广州军区武汉总医院病逝。魏万荣为了终生不渝的信仰,为了他倾力所为的"二汽"建设献出了自己宝贵的生命!

(三)巾帼胜须眉

秦秀兰(1942—),河北定州人。秦秀兰出生在战火硝烟中,成长在革命红旗下。她是一位烈士的女儿,而她的父亲——八路军某部敌工科科长在她还未出生时就壮烈牺牲了。后来,由于母亲改嫁,身为遗腹子的她只能与奶奶相依为命。在那个兵荒马乱的抗日战争时期,外有日本侵略者的肆意践踏,内有国民党反动派的剥削压迫,于是小秀兰和千百万受苦受难的老百姓一样,饥寒交迫,一直挣扎在死亡线上。所谓"屋漏偏逢连夜雨",相依为命的奶奶后来又意外地被家中倒塌的破土墙压倒而不幸去世。好在中华人民共和国成立后,她在国家的帮助之下不仅维持了生计,还进入学校学习。幼年时的悲惨生活造就了秦秀兰吃苦耐劳、坚忍不拔的性格,同时拥有一颗感恩的心。她始终认为,只有干好革命工作,为党、为国家、为单位多作贡献,自己才能对得起牺牲的革命先烈。

1960年,18岁的秦秀兰怀着满腔热情,不远千里来到塞外钢铁之城——包头参加革命工作。她成为一名工人,先后干过车工、拔丝工和电焊工等。不管在什么岗位上,她都虚心学习,刻苦钻研,辛勤工作。1970年,秦秀兰又积极响应党中央的号召,从内蒙古包头来到湖北十堰,参加"三线建设",共襄"二汽"建设。她虽然身为女性,但在很多急难险重的工程中奋勇当先,脱颖而出,比如她曾行走在离地十几米高的大梁上焊接钢屋架。也正因为出色的政治表现和实干的刻苦精神,秦秀兰终于如愿地加入了中国共产党。从那以后,无论是在工作中还是在生活中,她处处都以一名共产党员的标准来严格要求自己,还几乎每天都加班加点地工作。当时她的孩子尚小,她还在哺乳期,但她经常忙得连喂奶的时间都没有。有时候,领导见她过了下班时间还在加班,迫不得已就采取拉闸断电的方法"赶"她回家。在红卫电厂干活期间,她的腰扭伤了,而且症状越来越重。领导叫她回家养病,可她在家根本待不住,又偷偷回到工地干活。

1973年春节前,"二汽"铸造一厂二车间会战。在工期短、任务重、人员少的困难下,为确保钢窗的安装时间,秦秀兰凌晨5点钟就赶去工地。当其他工友8点钟准时上班时,她已经完成了九档钢窗的电焊任务[①]。就是有秦秀兰这样的优秀职工的忘我工作,他们才能提前3天完成任务。可是,秦秀兰以及工友们并没有休息,而是发扬风格,不计报酬,又去支援兄弟单位的工作。秦秀兰在"二汽"建设时,几乎没有节假日和周末,即使过春节也是过个革命化的春节。当别人问她原因时,她说:"心无杂念,一心扑在建设上。刮风当电扇,下雨当流汗,咱们'102'的人都是这样做的。"

1973年,根据上级安排,秦秀兰到五七家属连当连长。由于文化差异、认知水平不同等原因,近140名家属工、临时工很难管理。可她却"咬定青山不放松",时时模范带头树标杆,事事以身作则做表率,用榜样的力量带动大家。每天工作完成后,她都要坚持把五七家属连负责的装卸、供后台、清理管库的所有工作地点检查一遍。凡是有五七家属连的地方,就一定会有她的身影。当检查到值夜班看管水泥的地方时,她关心值守人员,让他们先去吃饭,自己替代他们留下来值班。

1977年,因为表现突出,秦秀兰被选为党的十一大代表,并与时任中央领导人华国锋、邓小平等人合影留念。1982年,秦秀兰还被评为"全国三八红旗手"。

今天,当我们再次采访秦秀兰并谈及她的贡献与荣誉时,她谦虚地说:"我没做什么,都是应该做的。我感谢党、感谢国家、感谢我们单位党组织对我的培养、教育、帮助和关怀,让我懂得了怎样做人,怎样遵纪守法,怎样为人民服务。现在我退休了,不能再为单位作什么贡献,只能在社会上做点好事,也算是为'102'争光。"

二、集体创典型

榜样的力量强大而影响广泛,因为榜样往往会带动身边的其他人见贤思齐。事实上,"湖北工建"的先辈们不仅个人榜样迭出,还集体典型频现。

(一)聚力争先进

在十堰建设"二汽"期间,"湖北省第一建工局"一公司二处历来都是一公

[①] 潘保山. 秦岭一枝秀 芷兰十堰馨——记"三线建设"巾帼英雄、党的十一大代表、三八红旗手秦秀兰同志[M]//中国人民政治协商会议,湖北省十堰市委员会文史和学习委员会. 十堰文史(第十五辑):三线建设"102"(下册). 武汉:长江出版社,2016:105.

司乃至整个"湖北省第一建工局"的先进工作处、标杆工作处。毫不夸张地说，一公司二处为建设"二汽"立下了卓越的功勋。

一公司二处，源自"102"第四工程团二营，而后者又以"八局"八公司三处二队为主组建，扩编招来的职工主要是老职工子弟，但后来还从湖北郧阳、新洲、房县、大悟等地招收了一些青年职工，全处职工多达千余人。二处是"湖北省第一建工局"赫赫有名的工程处，特别能打硬仗，每年完成的各项经济技术指标在各个工程处中都名列前茅，还多次被"湖北省第一建工局""湖北省第一建工局"一公司评为标杆工程处。在二处的领导办公室和会议室，写有"先进单位""标杆工程处"的锦旗挂满墙壁，几乎都快挂不下了。"二汽"的化油器厂、铸造一厂、轴瓦厂、三大处、变速箱厂、黄龙引水等工程都由二处挑重担完成，而且二处还为"二汽"的两吨半越野车、三吨半越野车、五吨载重车生产能力的形成作出了重要贡献。此外，"湖北省第一建工局"一公司组织的每次施工会战，二处都会积极参加，并且圆满完成。当时的"第二汽车制造厂建设总指挥部"甚至还将二处与大庆并举，提出"学大庆，赶二处"的口号来激励大家。

在整个建设"二汽"的过程中，二处经历了许多重大的施工会战，为"二汽"建设的圆满完成作出了巨大贡献。在为两吨半越野车生产能力形成的会战中，为了让大部分车间厂房达到安装设备的要求，需要对一些车间厂房进行施工改造，其中任务最为艰巨的是五七四八厂（即铸造一厂）缸体车间地下室的施工。地下室的深度至少7米，面积大约有2000平方米，但任务要求用钢筋混凝土浇筑，并且要连续施工，一次性浇筑完成，还要采用在当时施工难度很大的滑膜顶升技术，即用大量的千斤顶把组装好的钢模板向上一节节地顶升、浇灌混凝土。当时参加会战的施工队和班组都格外小心，因为只要稍不注意，墙体上就会遍布"蜂窝狗洞"了。最终，在全处上下夜以继日的共同努力下，此次施工任务圆满完成。另外一次典型的会战是质量大返修。在"二汽"建设初期，由于受到"极左思潮"的影响，"二汽"许多厂房的设计和施工被大量简化，比如厂房的柱子应该是实体的钢筋混凝土结构，却采用了混凝土离心管；屋架不是用全角钢或者其他满足承载要求的材料，而是使用钢筋混凝土和轻钢、钢材合一的组合屋架；屋面则是非常简陋的单槽瓦。在质量返修工程中，部分厂房的柱子和屋架要进行加固，并且所有厂房的屋面都要重新加铺瓦楞铁，还要在瓦楞铁和单槽瓦之间填充石棉等隔热材料。质量返修过程十分艰苦，尤其是厂房屋面的施工返修，既要摊铺隔热材料，又要固定好瓦楞铁，还要做好防水。在整个施工过程中，石棉棉絮飞扬，屋面高温蒸烤，但没有一个职工叫过苦。还有一次重要的会战就是解决十堰"二汽"工业用水和人民生活用水的重点建设工程——黄龙引水工程。这项始于1972年初的浩大工程，一直持续了3年多，直到1975年4月才宣告胜利完工。黄龙引水工程水源在黄龙电站水库，西起堵河堤，沿老白公路东至头堰水厂，全长18.5千米。路径弯曲崎岖，要穿过26处大小溪流，翻越一座高度为47米的高山，横穿10条道路，通过3座铁路桥，可想而知施工十分困难。为此，"湖北省第一建工局"聚集了5个公司、11个工程处、2个公社、9个生产队的全部优势兵力，才正式开始黄龙引水工程的施工。二处重点负责引水管道的水管支墩、阀门井和加压泵房等构筑物的施工，工期紧、战线长、施工条件差。当时的职工们都吃住在工地，没想到最后还提前一个月圆满完成了施工目标。"第二汽车制造厂建设总指挥部"召开庆功大会时，点名让二处发言分享经验。

二处还涌现出了许多"名人"，有全国党代表李凤荣（党的九大代表）、秦秀兰（党的十一大代表）；任劳任怨、身先士卒的优秀干部薛筱根、马友应等。他们在平凡的岗位上作出了不平凡的贡献，在"二汽"建设中发光发亮，而二处上下也都以他们为榜样。"建筑是一个'会说话'的有机生命体，而不是冷冰冰的混凝土集合体"①，事实上，二处参与建设的一系列工程建筑，都在向世人无声无息地讲述着"三线建设"时期二处为"二汽"建设、为十堰建设所作出的贡献与牺牲，也在向后人传递着永不褪色的"102精神"。

（二）深山造路桥

十堰的"二汽"建设离不开"102"的每一支施工队伍，尤其是土石方工程团（后来定名为"湖北省第一建工局"土石方工程公司），因为土石方工程团是逢山开路、遇水架桥的先行者。从20世纪60年代中期开始，"土石方人"这个名字就与"二汽"、十堰紧密相连，因为他们是"二汽"从无到有、十堰由一个偏远山区小镇到现代化汽车城的首创者。第一台铲运机、推土机破路进山，第一个山区水库维修加固，第一条隧道开通使"二汽"建设沟壑变通途等，这些"头一遭"事件的背后都是"土石方人"筚路蓝缕、辛勤开垦的结果。很多人说在鄂西北群山中建成亚洲第一大汽车厂是一个奇迹，却很少有人探究奇迹如何创造，更遑论奇迹背后的代价。其实，土石方工程团在"二汽"建设初期的所作所为已然蕴含着答案。

土石方工程团是十堰"二汽"建设队伍中进山最早的几个施工单位之一，他们早在"二汽"正式开工、"102"正式组建前的1966年底就已进入十堰。只不过，当时他们还是归属"基建工程兵"负责土石方工程的第21、22、31支

---

① 刘光辉. 湖北工建：打造"四有企业" 炼就荆楚铁军[J]. 建筑，2019（22）：73.

队。直到1969年"102"成立后，这3个支队才组建为"102"的土石方工程团。他们最初来到十堰的时候，十堰还未设市，只是一个人口规模仅几千的偏僻山区小镇，仅有一条老白公路穿过。当时他们硬是用人力把大型机械运进山里，那种艰难可想而知。

  1969年底，原本只有几千人的山野小镇十堰一下子从全国各地涌入了近十万人的建设大军。显然，他们在十堰无论吃住都非常困难。事实上，他们大冬天都住在芦席棚里，又冷又潮，但笑称天天晚上当"团长"（指睡觉时冻得蜷缩成一团）。他们喝的是井水，而且大多数人没有菜吃，早上起来要敲开河里的薄冰，用寒冷刺骨的冰水洗脸。十堰当地老乡们的生活也很贫苦，职工们在如此艰难的环境中生活，加之看到了城乡差距和工农差距竟然如此之大，于是他们更加坚定了为十堰"二汽"早出车、为十堰山区人民改善生产生活条件作贡献的决心。在这个过程中，土石方工程团功不可没。虽然条件异常艰苦，但土石方工程团克服了物资供应匮乏、自然环境恶劣、施工条件差等重重困难，24小时连轴转，抢晴天、战雨天，在十堰山区挥洒血汗、开天辟地，从而为"二汽"建厂完成了所有的场地平整任务，为十堰城区开山修路打通了条条大路，为后来进山施工建设的队伍创造了良好条件。

  在十堰建市、"二汽"建厂初期，由于十堰连通外界只有一条老白公路，所以大量的设备和建设物资难以运输。为了解决运输难题，"102"决定建造一条"二汽"铁路专用线。在这条铁路专用线上，从"二汽"总装厂到发送站的线路中间要穿过一座山，需要打通一条长达618米的铁路隧道——龚家沟隧道。"102"把这个任务交给了土石方工程团原第31支队，该支队随即集中全队精锐，克服时间紧、地质条件复杂、设备落后等一系列难题，从东西两边同时开挖，提前4个月就完成了任务，从而为"二汽"铁路专用线的建设打通了关键节点。要知道，十堰风化石多，施工过程中塌方频繁，而这给隧道施工带来了很多、很大的危险。在一次塌方中，职工田大银献出了宝贵的生命。在每次爆破后都要处理危石（指在洞顶爆震中破裂随时可能掉落的石头），不然后续工作无法展开。为了隧道尽早贯通，"二汽"早日完工，每次处理危石都是党员、班组长争着去。在一次处理危石的过程中，共产党员、复转军人、班长龙丕治在面临塌方危险时，毅然推开了其他同志，自己却伤势严重，一条腿被截肢。

  因为建设需要，"102"决定对邓湾码头进行扩建，而这要求在邓湾码头搬掉半座山头。为了早日完成施工任务，土石方工程团决定采用"洞室爆破"（先在山底挖一导洞通到山体，再分别按设计好的路线开挖分支导洞，并在每一条导洞的端头挖一大的洞室，分别装上炸药，最后一次性起爆）。在邓湾码头装药回填时，土石方工程团全体出动，就连机关干部、老同志和女同志都负责从外至内传递炸药。导洞矮小狭窄,人员无法站立,于是洞内大多数人都坐在地上接力把炸药传到洞室,再进行装码和用土回填。导洞里空间狭小,人员又多,队员们呼吸困难,每班只能维持几十分钟就要换人。但是,最里面的党员、团员以"换人耽搁时间"为由坚决不肯出来,比如共产党员、三中队队长代隆福更说自己个矮适合待在里面。他们硬是在导洞里坚持了两个小时,到最后,领导只能下令将他们强行拖出来。被拖出来后,他们个个都喘着粗气,变成了汗淋淋的土人。装药回填的同时还要时刻保证导线的畅通,而为了万无一失,电工曾德全一个人带着工具往返洞内几十次,确保了大爆破的顺利进行。在整个施工过程中,所有人都没有休息。食堂把开水、饭菜都送到洞口,大家轮流吃饭、喝水。经过几十个小时的艰苦奋战,他们终于在一声巨响中圆满完成了此次任务。

一位曾经的土石方工程团老工人这样形容:"很多时候我们都是把脑袋别在裤腰带上工作,在'二汽'厂房所在的山沟里,到处都有我们的血汗啊!"[①] 应该说,这句话是对建设十堰"二汽"的土石方人最真实的写照。没有土石方人不畏牺牲、一往无前地在前面开山辟地、披荆斩棘,就不会有后来的十堰和现在的"二汽"。在鄂西北群山中建成亚洲第一大汽车厂、从偏远的小镇到现在享誉世界的"车城",奇迹的背后是"102"土石方工程团所作出的巨大牺牲和贡献。土石方人在十堰履行了对国家"三线建设"所做出的庄严承诺,而且他们一代接一代地在这里倾力付出,用最艰苦卓绝的工作,印证了十堰人民给予的美称——十堰"二汽"建设的开路先锋!

(三)众志克万难

1969年夏天,靳竹安带领着"八局"八公司一部分职工,从内蒙古包头出发,跨越千山万水来到湖北十堰,并在十堰花果桥边驻扎营地,开始了四团预制厂[②]的建设。

1970年,靳竹安等人被编为五四七团(即第四工程团)四营。当时的教导员是陈会均,营长是靳竹安,副营长是祖树言。他们借助多年企业管理经验,根据当时急需混凝土预制构件的情况,研究决定:先将预制车间预应力空心板快速养护的蒸汽坑建设完成,同时一一落实蒸汽坑配套的锅炉、塔式吊、振动

[①] 魏巍.永不褪色的记忆"102"[M]//中国人民政治协商会议,湖北省十堰市委员会文史和学习委员会.十堰文史(第十五辑):三线建设"102"(下册).武汉:长江出版社,2016:393.有修改.

[②] 四团预制厂的全称是"第四工程团混凝土预制构件厂",在职能上等同于"102"构件厂,主要从事混凝土预制构件的生产。

台、预应力张拉台和搅拌台等的制作和安装工作。另外，还要求四营四连建设一条百米长线，用于供应空心板和其他构件，而四营一连则为振动台和长线各做一台龙门吊，并制作四个蒸汽坑的顶盖和改修振动台上用的 80 套空心钢模板。四团预制厂的建设就这样如火如荼地开始了。

1971 年，"二汽"发动机厂建厂，急需混凝土单槽瓦构件，但当时四营四连负责的百米长线一时跟不上供应。连队负责人就下到班组跟工人一起讨论提高生产能力的办法，最后大家终于想出办法：在已经打好的单槽瓦上重复打瓦，生产一层再加一层，直至加到四层[①]。这才缓解了生产供应困难，满足了干打垒大会战的需要。

功夫不负有心人。1972 年，蒸汽坑的振动台经过试生产之后，生产能力已经全面显现。经过设计改装，原先一套 1.5 米宽、4 米长的钢膜就可以打出 A 板、B 板两种型号的水泥板。仅需 12 个小时，混凝土空心板就可以达到作业强度出坑。这意味着，一天的时间就可以生产出 320 块空心板，而且空心板的生产工艺、生产能力、生产质量在湖北省都属一流。

为了更高效地完成预期目标，干部需要下到班组干活儿。每晚开碰头会议，白天遇到的生产困难和问题都要当日协商、当日解决而绝不过夜。为了满足日益增长的生产需要，四营不断扩充生产组。营里决定职工们一个月只能休息一天，平时的工作也都要加班加点，甚至节假日都不能放松。尽管如此，大家也毫无怨言，因为大家的目标只有一个，那就是坚决完成"102"下达的任务。

1973 年，四营正式更名为预制厂。此时的预制厂已经与以往大不相同，其生产能力得到了大幅度的提高，以至于各类型号的混凝土预制构件堆满仓库。后来"102"的领导前来检查工作，当他看到堆积如山的混凝土预制构件时，直呼过瘾。也就是从那时候开始，预制厂几乎年年都被四团甚至"102"评为先进单位。

四团预制厂在"二汽"建设中作出的贡献无法估量，而正是其克服万难、创新攻坚的精神，让他们一次次完成预期的任务。他们生产的预制构件，满足了十堰市六堰以西片区的"二汽"全部专业厂建设的需要（六堰及六堰以东片区的"二汽"专业厂建设需要由"102"构件厂满足）。毫不夸张地说，四团预制厂撑起了"二汽"专业厂建设所需混凝土预制构件的半壁江山。

---

① 王英. 壮哉，四团预制厂 [M] // 中国人民政治协商会议，湖北省十堰市委员会文史和学习委员会. 十堰文史（第十五辑）：三线建设"102"（下册）. 武汉：长江出版社，2016：202.

第三节　　党聚群团励奋斗

"湖北工建"的前身——从"102"到"湖北省建委第一工程局",再到"湖北省第一建工局",总部都常驻十堰。在此期间,党的建设体现出鲜明的时代特征,而围绕党的方针政策,群团组织也在党的引领下发挥了重要的意识形态引领作用,尤其是在提高职工思想境界、丰富职工业余生活等方面起到了重大的作用。

"湖北省第一建工局"工业设备安装公司的党建历程极具典型性。1969年,"八局"奉命抽调近1800人前往十堰参加"二汽"建设,负责工业设备的安装任务。1970年上半年,这批人员到达十堰,旋即与当地安装队伍组建为五七第二安装团,即"102"第二安装团,职工人数一下子达到了2600人左右。五七第二安装团一成立,就设立了临时党委核心领导小组。在临时党委的领导下,五七第二安装团于1971年召开了党员代表大会,并选举产生了中共五七第二安装团第一届委员会。1973年,五七第二安装团更名为"湖北省建委第一工程局"工业设备安装公司。但从1971年至1978年,五七第二安装团和后来的工业设备安装公司都由原来的中共五七第二安装团第一届委员会领导。第一届党委的党建工作主要体现在三个方面。其一,加强理论学习。学习马克思列宁主义、毛泽东思想,加强思想政治路线的教育。学习先进人物模范事迹,如王进喜、王新良等,掀起"工业学大庆"的高潮。其二,开展批修整风运动。根据中央文件的指示,开展批判"571工程纪要"以及"批林整风"运动,同时加强党委自身的整风工作,反思教训,总结经验。其三,注重劳动运动。开展社会主义劳动竞赛,调动全体员工的积极性。动员干部参加体力劳动,加强干群联系。1975年,公司更名为"湖北省第一建工局"工业设备安装公司。等到"文化大革命"结束后,公司于1978年召开了第二次党员代表大会,选举产生了第二届党委会。从1978年至1982年,第二届党委展开了一系列的党建工作。当然,这一阶段最主要的党建工作就是进一步加强对"四人帮"等的批判,并加强党的传统教育、政策教育、法制教育、马克思主义教育,检查和解决政策和作风方面的问题,推动各方面的工作向前发展[1]。此外,还有将工作重点转移到社会主

---

[1] 陈德州,陈世勇,吴文魁,等. 安装公司发展史(内部资料,未出版社),1996:130.

义现代化建设、企业管理上来而强调四化建设工作,加强青少年的思想政治工作和法制教育,以及平反、纠正冤假错案等。

"三线建设"凝聚着全国几百万建设者的聪明才智与艰辛劳动,其中青年工人发挥着不可替代的作用。他们思维活跃,行动力强,是企业创新、发展、建设的重要力量,更是国家重点工程建设的后备军。在20世纪70年代初林彪反革命集团阴谋被粉碎后,"102"对团组织进行思想整顿,解决团组织中思想、组织、作风方面存在的不正之风和组织不健全的问题,紧紧围绕"三线建设"的需要,激发青年的使命感与拼搏精神,动员广大青年在"三线建设"中建功立业,把满腔报国之志转化为立足岗位的工作业绩,把积极奉献精神转化为服务人民的实际行动,从而在基层实践大熔炉中贡献聪明才智、书写青春篇章。1972年,"102"第四工程团首次团代会胜利开幕。团委不仅邀请了青年代表,还邀请了老工人代表一起参加这次大会。后来,团委经常开展各种适合青年的有益活动,比如团支部带领广大团员看书学习,进行思想和政治路线方面的教育等,让广大青年职工成为积极、有生气的力量之一,为"二汽"建设作出了重大贡献。1973年,"湖北省建委第一工程局"工业设备安装公司的基层团组织已经基本健全,如按照不同的生产单位建制设有共青团分公司委员会、总支委员会、支部委员会、团小组等,而且团员数量大大增加。许多下属分公司的团组织也在迅速发展之中,后来公司的首届团员代表大会就在筹备会向公司党委申请之后成功召开。

20世纪70年代初,"102"以及后来的"湖北省建委第一工程局"所辖各单位的工会组织陆续恢复工作。1974年,"湖北省建委第一工程局"工业设备安装公司召开了首届工会会员代表大会。此后,从1981年到1988年,工业设备安装公司每隔两年召开一届工会会员代表大会。工业设备安装公司工会不定期组织文娱活动,为职工谋福利。1977年,在"全国工业学大庆会议"精神的鼓舞下,共青团湖北省委员会下发文件,联合工会组织开展青年社会主义劳动竞赛,争当社会主义革命和建设的促进派。当时"湖北省第一建工局"所辖单位各工会迅速响应,展开工作,比如开展劳动竞赛。在劳动竞赛中,"湖北省第一建工局"的职工们不仅比劳动态度、劳动纪律、完成任务、技术过硬、勤俭节约、设备保养,还不忘宣扬团结协作精神。可以说,这是加速普及大庆式企业、把国民经济搞上去的有力措施,同时也是实现抓纲治国战略决策的需要。当然,这对培养青年成为无产阶级革命事业的合格接班人更具重要意义。

在党建引领、群团组织群策群力之下,"湖北工建"的先辈们即使在初到十堰、白手起家的"102"时期,也能苦中作乐,享受丰富的文娱生活。在闲暇时间里,年轻的职工们喜欢打扑克,而年长的职工们则爱好下象棋,正可谓是

"工作中你追我赶，工余时棋逢对手"。工会也时常免费为职工们放映露天电影，还会举办歌咏会、联欢会等。在这个时候，大家往往都会踊跃参与其中。这种种文娱活动，为他们在初到十堰的几年里提供了无穷的乐趣，也激发了他们积极投身生产建设的热情。在这个过程中，团支部非常重视引导业余文娱活动的正确走向。有些年轻人打扑克牌时爱带"彩头"，造成了不好的影响。团支部便决定组织开展更多积极的文娱活动，包括在工余时间开展打扑克竞赛，并对优胜者进行奖励，而这既丰富了青年职工的文娱活动，又遏制了赌博这一不良风气的苗头，可谓是一举两得。

当时，"102"号召所辖各个团成立宣传队。一时间，人才选拔工作紧锣密鼓地展开。不久后，宣传队迅速组建起来，很快便开始了排练工作。1971年3月，一团46人临时组成的《沙家浜》表演队正式搭台开唱了，而二团的《红灯记》、三团的《白毛女》、四团和六团的《智取威虎山》、安装二团的《海港》等样板戏也轮番上演。为了提升演出质量，演员们尤其是武打演员们下了很大功夫。他们清晨早起压腿、翻跟头，力争能达到样板戏的水平。戏剧主角们为了展现出完美的艺术效果，不仅勤学唱腔，还苦练基本功。从未接触过芭蕾的演员们，为了尽可能还原《白毛女》中的场景，更是付出了常人难以想象的艰辛。

到基层演出往往是露天搭台，即使下雨、下雪也不例外。有一次，扮演《沙家浜》沙四龙的演员穿着红背心和单裤冒雪趴在台上，冻得直发抖仍坚持演出。在部队慰问演出时，饰演沙奶奶的黄惠芳因三叉神经痛，在后台直掉眼泪，但一到台上，她立刻笑逐颜开进入了角色。各团演出队的会演，既为"三线建设"的建设者和当地百姓带来了欢声笑语，还促进了彼此间的学习切磋。当机械运输团的"阿庆嫂"临时不在时，一团当即将他们的"阿庆嫂"借了过去，这充分体现了"102"内部亲如一家的团结精神。其实，类似这样的故事在"102"中还有很多。虽然只是业余演出团体，但是他们却从来没有放松过对更高标准的追求。事实上，这已不仅仅是高度尊重艺术，更是体现"102"精益求精、一丝不苟的工作态度。在那样一个艰苦的年代里，各团的志愿者虽是非专业的演员，但他们组成的一个个演出队用自身精湛的演出为职工们奉上了一场场精彩的视听盛宴。显而易见，每一出引人入胜的大戏都是职工们艰辛劳动生活的绝好调剂。业余剧团在一年多时间里共演出一百多场，足迹远至丹江口、郧阳等地，这也为后来十堰市的文艺下乡开了先河。

后来，业余剧团因故解散。但不久后，各团又成立了精干宣传队，自编、自导、自演了一台台大家喜闻乐见的节目。多才多艺的职工们把劳动场景、身边故事编进剧本，深入山沟慰问施工人员，有时还为当地百姓举行专场演出。在那个物资匮乏的年代，"102"宣传队就是最好的精神慰藉。

除了样板戏表演队，每个施工团还有自己的电影放映队。放电影的日子团部会提前通告，一般隔十天左右会有一次。影片都是免费放映，专供大家观看娱乐，以放松因劳累而疲惫的神经。放电影那天的下午4点多，孩子们会早早地扛上长凳或马扎去占座，更有调皮的孩子用砖头圈地"宣示主权"。晚饭后，大人们纷纷来到露天电影场。在各种类型的影片里，故事片最受欢迎。若是没有故事片，放映队就放"新闻简报"，而大家往往也会看得津津有味。当时还处于"文化大革命"时期，因此放映的多是朝鲜、阿尔巴尼亚、罗马尼亚的片子，以及拍成彩色电影的样板戏。有一次，样板戏《智取威虎山》放至一半时，放映队用大喇叭通知，需要再过一小时才能继续放映。当时已是晚上11点多，人群虽躁动起来，却没有一个人离开。大人们拉家常，小孩子们在空地上玩闹。后来，等到电影终场已是凌晨1点多了。彼时大家都没有感到疲劳，只是觉得快乐，而这就是那个年代的人们最简单的幸福。1972年，朝鲜电影《卖花姑娘》上映时，放映队在"二汽"铸造一厂一座叫香港楼的地方一晚上连放了三遍。感人的情节引得不少观众低声抽泣，就连电影终场后都久久不愿离去。此后，这座楼在职工们的口中就更名为"卖花楼"了。可见看电影不只是"102"最受欢迎的娱乐活动，更是已经与"102"的生活密不可分。

1970年，四团的两位女放映员分别是杨艳霞和崔随心。这两位不满20岁的年轻人俨然将放映电影视为一项重要的职责，她们在做好本职工作的同时，还不忘加强电影放映技术学习，提高本领，以至于很快就能在放映师傅不在时独当一面了。当时，一部电影分为几卷胶片。一卷胶片放完后需要更换第二卷胶片，而更换过程需要90秒左右。每到这个时候，观众们就会伸长了脖子期待画面尽快回来。在剧情十分吸引人的时候，一分半的换胶片时间显得更加漫长。杨艳霞看到这样的场景，回去后默默地琢磨技术，改进操作，最后仅用19秒就能完成换片①。1974年，湖北省举行电影系统技术操作交流会时，这一技术还获得了全省同行的认可，并被授予证书。回到十堰，甚至有不少业内人士专程为看她换胶片的优美动作来看电影。

"102"大家庭文化氛围浓重，而这样的环境影响了不少职工子弟，比如卫晓茼。1969年，年仅7岁的卫晓茼与家人从包头来到十堰。在"102"的时间里，年幼的卫晓茼经常去家附近的东风剧院看电影，而儿时的艺术熏陶对他最终走上电影道路的影响不可谓不深远。1988年，随"湖北省工业建筑总公司"

---

① 杨艳霞，口述. 放映员的回忆[M]. 徐晶，整理//中国人民政治协商会议，湖北省十堰市委员会文史和学习委员会. 十堰文史（第十五辑）：三线建设"102"（下册）. 武汉：长江出版社，2016：322.

（于1984年由"湖北省第一建工局"更名而来）工业设备安装公司第三工程处前往北京建设亚运村的卫晓崗，受到了首都艺术氛围的感染，决心报考北京电影学院导演系。单位领导知道后，虽难以置信，却仍然批准了他的申请。没有想到，卫晓崗文化课与专业课均取得优秀成绩，成功考取北京电影学院。当年6月，录取的好消息传回了鄂西北山区。"102"沸腾了，大家都为山沟里飞出的这只金凤凰欢呼雀跃。"102"有着"攻坚克难"的优良传统，而从"102"走出去的卫晓崗也继承了这一宝贵品质。在学校，他刻苦钻研，专业成绩很快就赶上了有艺术基础的同学。毕业后，卫晓崗饮水思源，始终不忘自己在"102"、在十堰的那段岁月。他的父母把一生都奉献给了"102"以及后来的"湖北工建"，而其兄弟姐妹也都和十堰有着千丝万缕的联系。后来，卫晓崗经常回到十堰，看一看那里的山山水水，见一见当年的老同事，回忆在干打垒房间昏暗的煤油灯旁立下豪情壮志的场面。卫晓崗曾说过，希望有朝一日能拍摄一部反映"湖北工建"投身"三线建设"的影视作品，以感恩几十年来魂牵梦萦的第二故乡——十堰。或许在不久的将来，这段开天辟地的峥嵘岁月就要在银幕上与观众见面了。

　　"102"的职工在唱样板戏、看电影之余，还有其他更加丰富多彩的业余生活。比如年轻职工喜欢把香烟盒攒起来做成扑克牌打扑克，或用工地上的废旧边角料自制麻将打麻将。每逢重大节日或工程节点，工程处都会组织盛大的献礼活动，而这些活动一边让大家在紧张的建设中抽出时间喘息，一边激励大家更好、更快地完成任务，创造新的成绩。在整个"二汽"建设时期，团总支、政工组、施工队党支部经常组织职工开展一些球类比赛、技术比赛、突击队竞赛、业余学哲学活动等。"二汽"建设初期存在着时间紧、任务重的客观现状，职工们工作时每时每刻都开足马力。业余文娱生活的休憩时刻则显得弥足珍贵，而团总支、施工队党支部也是竭力为职工们的业余生活提供更多丰富的活动。为了增强团体凝聚力，进一步培养职工的拼搏进取精神、集体意识，每逢元旦、劳动节、国庆节这样的大型节假日，团支部、工会都会组织相应的节庆活动，而演讲比赛、文艺表演都属其中，且参与者为数不少。

　　在鄂西北的十堰大山中，"二汽"工厂最早都由"102"成员用自己的双手与血汗建设出来。这里没有运动场地，没有体育设施，但"102"党委始终把"发展体育运动，增强人民体质"作为一项重要的群众工作来做。在这个小社会、大社群里，体育运动成为职工与家属们重要的娱乐方式。1970年左右，"102"各单位就纷纷组建了自己的篮球队。最初，十堰只有郧阳地区体委有一个露天的篮球场，而一旦有篮球比赛，分散在十堰各条山沟里建设"二汽"的职工们都纷纷来到这里观看比赛。但仅仅一个篮球场又怎能满足这么多"二汽"建设职工的需求呢？没有场地，那就自己来造！1971年，经"102"批准，

"102"土石方工程团开山辟路，用炸药和挖掘机建成了一个广场，并在广场西侧建立了一个灯光篮球场。此后，这里便成为"102"成员的体育乐园。

"102"七团三营十连钢筋班、"湖北省第一建工局"四公司一处工人李长茹就曾深情追忆自己在七团篮球队中训练、比赛的青春时光。"102"每年夏天都会举办各单位的篮球联赛，为此七团于1970年7月组建了男、女篮球队，而李长茹则成为女篮队的一员。建队后的七团女篮基础不好，在最初的友谊赛中就输给了对手。但比赛的输赢不重要，团队之间的友谊才是最令人珍视的回忆。而且，李长茹所在的七团女篮后来发挥了"102"敢拼敢做、刻苦争先的优秀品质，年年勤勉训练，最终在1975年获得了"湖北省第一建工局"女篮联赛亚军。在各个单位的篮球队中，第二安装团的男子篮球队当属翘楚。这支队伍连续多年蝉联"102"系统冠军[1]，后来更加意气风发，曾一度打遍鄂西北无敌手。

"102"的各级领导都十分重视和支持职工们的体育运动，而且他们往往都是各类体育活动和体育比赛的积极推动者甚至参与者。这不仅仅是源于国家的号召，更重要的原因是热爱。每当节假日，"102"都会组织各式各样的体育活动来丰富职工和家属们的业余生活。除了常见的篮球比赛和乒乓球比赛，还有爬山、拔河等项目，而其中最受欢迎的当属趣味运动会。趣味运动会的项目种类繁多而且新颖有趣，比如托球赛跑、两人三脚跑等。参加比赛的不仅有"102"全体职工，还有各级领导、职工的家属。参赛者在比赛中奋力拼搏，而观众们则是掌声、喝彩声不断。干部与群众浑然一体，其乐融融又热闹非凡，呈现出一派和谐欢乐的景象。这样的活动既强健体魄，丰富职工们的业余生活，又拉近了各级领导干部与普通职工之间的关系，还加强了"102"各单位之间的团结与合作，增进了各单位之间的友谊。

"102"的体育活动不仅限于各类比赛及专业团队，也遍及职工们的日常生活。茶余饭后，几乎每个单位驻地都是一派做运动锻炼身体的欢乐场景。只要天气允许，早晨有人做广播体操，傍晚有人打各种球（篮球、羽毛球、排球、乒乓球等）、练单双杠、比摔跤、练武术等。可以说，几乎所有的空地都有各种各样的运动甚至竞赛在上演。结束了一天的工作，"102"驻地成为一片运动的欢乐场，而这也成为"102"成员在工作之余的一大乐事。在运动中，没有干部与群众的区别，而家家户户、大人小孩都融入了这样充满活力的画面之中。日常的运动与锻炼，洗去了工作的疲惫，为工程建设增添了巨大的能量。

---

[1] 李长茹.说说"三线建设"的那些事[M]//中国人民政治协商会议，湖北省十堰市委员会文史和学习委员会.十堰文史（第十五辑）：三线建设"102"（下册）.武汉：长江出版社，2016：285.

第四节　筚路蓝缕换天地

　　翻阅"湖北工建"发展的历史画卷，人们可以深切感受到20世纪60年代末尤其是20世纪70年代"湖北工建"先辈们的辉煌成就。1970年前后是一段特殊的历史时期，国际局势日益严峻，而国内政治建设也波澜乍起。"湖北工建"的先辈们顶住重重压力，出色地完成了国家交付的重大建设任务。在这个过程中，大批可歌可泣的建设者蜂拥而出。他们将生命的赞歌唱响在崇山峻岭中的建筑工地上，更用奋斗与热爱擎起传承不息的"102精神"。党的领导也紧跟时代步伐，在时代洪流中坚定信念，一往无前，带领"湖北工建"的先辈们一步一个脚印地走向辉煌。

　　1970年前后的中华人民共和国，面临的国际局势依然紧张，虽然国内经济状况有所好转，但是国家综合实力仍然较弱。三年自然灾害的后遗症还未完全消除，恰逢国内政治路线又出现失误。国际形势更是万分危急，中苏关系不断恶化甚至走向对立，而美国又企图控制越南对中华人民共和国进行侵略扩张。与此同时，中印冲突不断，而台湾地区国民党残余势力仍在垂死挣扎。这个阶段，我国工业尚未完全发展起来，而国防军工更是十分薄弱。在如此严峻的情况下，党中央将国防建设放在首位，大力支持三线地区的建设。由此，筹备多时的"二汽"建设再次被提上日程，而"湖北工建"的前身——"102"就在这个时候应运而生。

　　"102"积极响应国家号召，承载着保家卫国、建设祖国的重任，义无反顾地奔赴靠山、隐蔽、有利备战的十堰山区，开启了筚路蓝缕的征程。面对严峻的自然环境、简陋的生存条件以及落后的施工用具，"102"全体职工从未产生退却的念头，永远保持高度的热情迎难而上，从而在十堰的崇山峻岭之间建立起连绵成片的汽车厂房，开创我国汽车制造的新时代。在"二汽"建设初期，"102"还承担起城市建设的任务，涉及商业、教育、医疗、金融、住宅、工厂等多个领域的工程建设，硬生生地在深山之中开辟出一座享誉东方的壮丽车城。1972年末，"二汽"厂房相继初步建设完成。随后，"102"的番号被取消，部分人员被调走。1973年初，留在十堰的队伍重组为"湖北省建委第一工程局"，后又于1975年更名为"湖北省第一建工局"，继续承建"二汽"相关项目以及十堰市的建设。留下来的"102"队伍并没有因为并肩奋斗的伙伴的离开而沮丧，因为他们依然满怀建设祖国的热情，为国家工业化发展、国民经济增长发光发热。1976年,河北唐山发生大地震,"湖北省第一建工局"收到上级安排的任务,火速前往天津支援抗震救灾,进行灾后重建。"湖北工建"的先辈们和中华人民共和国一起成长,深知当今和平生活的来之不易。他们为能参与祖国建设而倍感自豪,又一直怀着主人翁的意识,以高度的荣誉感和责任感,全心全意为祖国建设事业奉献终生。虽然"102"存在的时间只有短短三年多,但它传达出的迎难而上、锐意进取的"102精神"发挥出无可比拟的精神力量。这种精神在"湖北工建"的发展中代代相传,深深地融进"湖北工建"人的灵魂,在"湖北工建"新生力量中大放异彩。

"积土而为山,积水而为海"。幸福和美好未来不会自己出现,成功属于勇毅而笃行的人。"湖北工建"的先辈们为国家建设呕心沥血、殚精竭虑,举凡工程建设中的诸多技术困难全靠自己研究解决,这充分展现了"湖北工建"的先辈们攻坚进取的精神面貌。他们在"湖北工建"的历史中增添了浓重一笔,立下了汗马功劳,造福了一方百姓。张百发、魏万荣、秦秀兰等一大批优秀建设者的光荣事迹至今在"湖北工建"上下流传,时刻影响着"湖北工建"职工们的一言一行。"102"第四工程团二营、"102"土石方工程团、"102"四团预制厂等优秀建设团体的丰功伟绩,更是激励着广大职工团结协作、努力奋斗。"千淘万漉虽辛苦,吹尽狂沙始到金"。简陋的设备不能阻挡职工们进取的步伐,恶劣的环境不能压垮职工们必胜的信心。"湖北工建"的先辈们在所有的艰难险阻面前都一往无前,将全部身心投入工程建设当中。可以说,他们奋进的身影将永远印刻在"湖北工建"的发展史册上。"湖北工建"的先辈们有着非凡的战略定力和进取精神,因为他们执着地认为,在各项工程建设的过程中,若没有条件,创造条件也要上,而有了条件,要争取创造更好的条件。虽然建设过程中的拦路虎、绊脚石数不胜数,但"湖北工建"的先辈们都有着一股拼劲儿和狠劲儿。在他们看来,"世上无难事,只怕有心人"——没有困难是不可战胜的。"湖北工建"的先辈们不仅具有战胜各种艰难险阻的体力和气魄,更是具有攻坚克难的智慧与勇气。

党组织在这一时期依然发挥着总揽全局、协调各方的作用,这是"湖北工建"的前身单位持续发展的根本支撑力量。"党是我们各项事业的领导核心,古人讲的'六合同风,九州共贯',在当代中国,没有党的领导,这个是做不到的。""湖北工建"的先辈们从战火中走来,历经风雨,始终跟随党的领导,而党的领导是企业旺盛生命力的根源所在。在祖国建设的新阶段,"湖北工建"前身单位的党委也与时俱进,不断完善工作方法,提高思想的先进性,与党中央保持一致。在十堰建设"二汽"时期,党委主要紧跟国内政治形势,集中宣传和执行党中央的精神与指示。在"文化大革命"之前,党委组织职工加强理论学习，开展批修整风运动，加强劳动运动；在"文化大革命"结束之后，党委的工作发展为进一步加强对"四人帮"等的批判，并将工作的重点转到社会主义现代化建设上来。党委还加强对职工的法制教育，为在"文化大革命"期间受到迫害的职工平反正名。在党委的领导与支持下，团组织与工会协调互助，开展了丰富多彩的思想教育活动，大大提高了广大职工的思想觉悟。此外，团组织与工会还组织了丰富多彩的文娱活动，如看电影、下象棋、打篮球、唱样板戏等，给职工们提供了休闲娱乐的机会。每到重大节日，团组织与工会还会特别准备献礼节目，从而极大地丰富了职工们的精神世界。无论是工作还是生活，党的领导是支撑一切的中坚力量。

志向和热爱是伟大行为的双翼，而理想信念就是人的志向。古人说："志之所趋，无远勿届，穷山距海，不能限也。志之所向，无坚不入，锐兵精甲，不能御也。""湖北工建"的先辈们以为国家工作、为人民服务为荣，每一位职工都怀着对工作的热忱在建设一线上挥洒汗水，面对困难永不退缩、竭尽全力、不计得失、脚步不停、奋斗不止，完成每一项看似不可能完成的任务，作出常人难以想象的牺牲与贡献。每一位"湖北工建"先辈的初心都是用汗水努力浇灌建筑事业的未来，用奋斗达成建设祖国的使命。"路漫漫其修远兮，吾将上下而求索"。如今的"湖北工建"也将脚踏实地、步履坚定地朝前走去！

第三章

改革催风雷
襄樊苦求索
（1981—2002）

"湖北工建"的先辈们自20世纪60年代后期至20世纪80年代初期一直都扎根十堰，投身"三线建设"，尤其是投身"二汽"建设。虽然"二汽"前期建设于1972年末基本完工，但"二汽"以及十堰的建设并未就此停歇，因为"二汽"和十堰都需要进一步发展。于是，由"102"重组而来的"湖北省建委第一工程局"以及由"湖北省建委第一工程局"更名而来的"湖北省第一建工局"继续在十堰埋头苦干。如无意外，也许"湖北省第一建工局"会长期在十堰奋斗下去。然而，在20世纪70年代中后期，时局发生了重大变化：一是"文化大革命"于1976年结束，二是改革开放于1978年开始。作为国有企业，"湖北省第一建工局"对国家的大政方针极为敏感，也深受影响。毫无疑问，一如寒冬般的"文化大革命"的结束，在不久后就给"湖北省第一建工局"送去了明媚的暖春，昭示着发展的前景。但两年后的改革开放，尤其是其中的改革，既给"湖北省第一建工局"送去又一个暖春，同时也送去又一个寒冬，而且首先是寒冬。都说机遇与挑战并存，殊不知挑战在前、机遇在后，因为只有经得起挑战，才能把握住机遇。而且，挑战之期一如寒冬。改革开放伊始，"湖北省第一建工局"便迎来了挑战的寒冬。不过，"湖北省第一建工局"勇于挑战，大刀阔斧地进行改革，包括不久后移师襄樊，相继改制、更名为"湖北省工业建筑总公司""湖北省工业建筑总承包集团公司"等。"湖北工建"的筚路蓝缕、铸就辉煌在十堰，而其上下求索、烈火淬炼则在襄樊。

第一节　改辙易途整旗鼓

历史的事实证明，改革开放是一项利国利民、强国兴邦的伟大事业。然而改革开放之改革，其过程异常艰难和痛苦。事实上，任何的改革都会伴随着艰难和痛苦。个中道理，其实很简单。每当新环境形成时，生活于其中的人们便会发现，使用旧有的方法不能获得有效的结果，以至于生活甚至生存都面临困难，于是在这个时候只能寻求改革。改革就意味着放弃旧有的方法，启用新颖的方法，而在探索新颖方法的过程中，四处碰壁乃至头破血流都在所难免。1978年开始的改革开放意味着一个全新的时代大环境形成，而改革更是这一全新的时代大环境的两大要求之一。所谓"逆水行舟，不进则退"，而对于当时身处改革大潮中的"湖北工建"之类的国有企业来说，那简直就是"企业改革，不成则亡"。在这"生死存亡"之际，"湖北工建"毅然改革，也只能改革，以期"救亡图存"。尽管这个过程毫无意外地充满艰难和痛苦，但有道是"艰难困苦，玉汝于成"，而"湖北工建"终究战胜改革的艰难、克服改革的痛苦，成功地改辙易途、重整旗鼓，踏上新征程。

一、改革成大势

1978年12月18日至22日，中国共产党第十一届中央委员会第三次全体会议在北京召开。这次会议是中华人民共和国成立以来党的历史上具有深远意义的伟大转折，它不但结束了粉碎"四人帮"以后党的工作在徘徊中前进的局面，实现了党的思想、政治和组织路线的全面拨乱反正，而且还把全党的工作重点转移到社会主义现代化建设上来。十一届三中全会的召开，给各行各业的发展释放了活力和生机，开启了改革以及开放的新征程，而这对全党、全社会来说都是一次伟大、深远的转折。以十一届三中全会为起点，中国进入了改革开放和社会主义现代化建设的历史新时期。

当时，遵循客观经济规律办事，积极提高经济效益，努力发展商品经济，成为各行各业所追求的共同目标。显而易见，纯粹靠国家继续在三线地区投资建设新工程已不再符合大政方针的指导，已然偏离时代发展的要求。此时正处于建设中的三线企业以及此前已经建成的三线企业，只能暂时忍耐，期待国家有一个整体规划的新思路降临。改革开放后不久，即20世纪80年代初，党中央作出了重大决策，那就是"两个大局"的思想：一个大局就是东部沿海地区加快对外开放并较快地先发展起来，而中、西部地区要顾全这个大局；另一个大局就是当整个社会发展到一定时期后，拿出更多的力量帮助中、西部地区加快发展，而东部沿海地区也要服从这个大局。20世纪80年代，国家实行计划经济与市场经济相结合的经济体制，先后出台了一系列国企改革的政策措施，尤其是1984年由中共十二届三中全会通过的《中共中央关于经济体制改革的决定》最为重要。一系列决策、指示、措施和规则的制定实施，进一步深化了经济体制改革。其中，对建筑企业最直接的影响就是国家把建筑企业率先推向市场，通俗地讲就是要求建筑企业自己找饭吃。

到20世纪90年代初，我国经济体制改革一度陷入困境。一方面，世界社会主义阵营发生剧变，我国因为继苏联成为社会主义阵营的顶梁柱而遭到西方敌对势力的集中针对。起初，东欧各国的共产党纷纷丧失政权，随即东欧各国又先后宣布放弃社会主义制度。等到1991年12月25日，就连曾经的社会主义老大哥苏联也宣告解体。由此，我国继苏联之后成为最大的社会主义国家。这个时候，西方敌对势力大肆向我国宣扬"共产主义大溃败论"。在此影响下，国内一些倾向于资产阶级自由化的人也纷纷站出来要求放弃四项基本原则，走西方的资本主义道路。另一方面，我国经济体制改革所产生的弊端凸显。在经济体制改革开始的 1979 年到之后 10 余年中，旧的计划经济体制尚未完全消失，而新的市场经济体制成长迅速。于是，新、旧体制相互摩擦引发的矛盾不可避免，甚至还日益加剧。当时，经济运行出现严重的失序，以至于整个经济发展都几乎陷于停滞。此外，更为雪上加霜的是，对外开放政策理论也遭到责难，而"左"倾思想又有所抬头。

面对改革困境，1992 年 1 月，中国改革开放的总设计师邓小平先后赴武汉、深圳、珠海和上海等地视察，陆续发表了一系列重要讲话，史称"南方谈话"。在改革开放动力放缓、成效不足的特殊时期，"南方谈话"重申了深化改革的必要性，对于"姓资姓社"的问题进行了阐述，明确了市场经济在国内发展的合理性和必要性，确定了建立市场经济体制为我国经济体制改革的目标。1992 年 10 月 12 日至 18 日，中共十四大胜利召开，江泽民在《加快改革开放和现代化建设步伐，夺取有中国特色社会主义事业的更大胜利》的报告中明确指出：我国经济体制改革的目标是建设社会主义市场经济体制。1993 年 11 月 11 日至 11 月 14 日，中共十四届三中全会举行。全会通过了《中共中央关于建立社会主义市场经济体制若干问题的决定》，并强调指出，社会主义市场经济体制同社会主义基本制度结合在一起，要进一步转换国有企业经营机制，建立适应市场经济要求的产权清晰、权责明确、政企分开、管理科学的现代企业制度。

改革是大势所趋，而随着改革的号角吹起，"湖北省第一建工局"也义无反顾地加入了改革的大军。尤其是在总部搬迁至襄樊时期，"湖北省第一建工局"以及后来的"湖北省工业建筑总公司""湖北省工业建筑总承包集团公司"还不断地深化改革，不停地自主创新，从而将自身推向了一个又一个新高度。

二、辗转脱困厄

"湖北工建"的发展与"三线建设"中的"二汽"建设息息相关。可以说，"湖北工建"不但因十堰的"二汽"建设而组建，而且还随着"二汽"建设的发展走向十堰以外的其他市场。扎根十堰时期，"二汽"生产的东风牌汽车因为省油、耐用、好修等突出优点而深受广大客户的欢迎。到 1978 年的时候，"二汽"年产销整车已达 5000 辆之多。但也正因如此，"二汽"逐渐显现出产能不足的问题，尤其是"二汽"的两个铸造厂凸显出铸造能力不足的瓶颈。显然，要想提升铸造能力、扩大产能，就必须兴建新的铸造厂——铸造三厂，兴建更大、更具可持续发展条件的新"二汽"厂区——"二汽"第二基地。于是，包括铸造三厂在内的"二汽"第二基地的建设就被提上了议事日程。早在 1979 年 2 月，"二汽"就开始铸造三厂的初步设计，并于当年 8 月 20 日上报铸造扩建工程的计划任务书。然而，"二汽"建设在 1979 年下半年的时候因国家财政困难和国民经济开始调整而被国务院列为停建、缓建项目。面对严峻形势,"二汽"经国务院批准采取了"量入为出,自筹资金,续建二汽"的解决办法。1980年3月22日,国务院正式批准"二汽"的铸造扩建工程。同年10月29日,"二汽"成立铸造三厂筹备组,着手厂址的选择。经过数次考察、各方权衡,直到1983年1月31日,经国家经济委员会同意,确定厂址为襄樊市襄阳县油坊岗。随着铸造三厂建设的推进,"二汽"最终也把第二基地选定在汉江下游的襄樊。值得一提的是,从1980年起,"二汽"在确保上缴国家全部利润、税金和折旧费提成的前提下,自筹资金3.3亿元,完成了续建和更新。1981年4月,在以"二汽"为主体、以"东风"系列产品为主线的基础上,"二汽"组建了跨部门、跨省区的"东风汽车工业联营公司",发展出了"东风"系列产品,从而打破了我国汽车"品种单一""各自为战"的格局。

为了建设"二汽"铸造三厂和"二汽"第二基地——襄樊基地,更为了开拓十堰以外的市场,"湖北省第一建工局"在1980年前后对其所辖单位进行了一些调整:一是从原土石方工程公司与原机械运输公司于1977年合并组建的机械化施工运输公司中分离出土石方工程公司;二是机械修配厂改建为湖北振动器厂;三是增加新的单位设备处。到了1981年10月,"湖北省第一建工局"还将总部机关由十堰迁至襄樊,而其一公司、机械化施工运输公司、材料供应处、职工医院等大部分单位也陆续搬迁至襄樊。但是,三公司仍留在十堰,而土石方工程公司机关则由十堰迁往武汉。为了更好地承担"二汽"的铸造扩建工程以及后来的"二汽"襄樊基地、省内外工程建设任务,"湖北省第一建工局"在1982年前后又对其施工力量重新进行整合:一是抽调三公司二处、三公司一处和三处的各一个施工队,留在湖北的原四公司直属队、一公司三处以及这两个单位的机械运输站、加工站、机关的部分职工组建全新的二公司(公司驻地在武汉市武昌区中南一路26号,第一任经理胡正午,党委书记陈会钧);二是将四公司下辖的混凝土预制构件厂划归三公司;三是将一公司下辖的木材加工厂划归三公司;四是将建筑科学研究所的剩余力量(原机构和人员被划归国家"建筑工程总局第六工程局")组建为建筑设计所;五是将材料供应处与设备处合并为材料设备公司。

在总部驻襄樊时期,"湖北省第一建工局"一公司先后完成了"二汽"襄樊基地铸造三厂、"二汽"襄樊轻型车厂、"二汽"襄樊热电厂、"二汽"襄樊电厂、"二汽"襄樊金融大厦、"二汽"襄樊基地管理部大楼、东风汽车公司神龙富康轿车CKD厂等项目,以及襄樊鼓楼商场、襄樊新华市场、湖北化纤厂、襄樊水泥厂、武汉国际青年大厦、阜阳京九商城、上海云华科技大厦等大批工业和民用建筑工程。

1984年9月19日，为了适应经济体制改革的需要，湖北省人民政府决定，将"湖北省第一建筑工程局"变更为"湖北省工业建筑总公司"（以下简称"湖北工建总公司"，惯称"湖北工建"）。不难发现，这是"湖北工建"历史上首次可以被简称为"湖北工建"的企业。事实上，从此以后，该企业虽又经历更名，但"湖北工建"一直是其惯称。"湖北工建总公司"在建立之后，历经改革与变迁。1989年11月，武汉长江动力集团兼并"湖北工建总公司"二公司，更名为长动建筑工程公司。这是"湖北工建总公司"在改革开放初期重大的机构变迁，其中隐含着"湖北工建总公司"在改革过程中所经历的巨大阵痛。后来，"湖北工建总公司"逐渐摆脱改革的困厄，并展现出强大的向心力。于是在1995年5月，原"湖北工建总公司"二公司终于回归，成为"湖北工建总公司"天华建筑工程公司。早在1982年，二公司就搬迁至武汉，因此天华公司主要是在武汉开展业务，其先后承接了华中师范大学、湖北日报社、武汉纺织工学院、湖北省中医学院、武汉城市建设学院、武汉制药厂、省文联等30多个单位的新建、扩建工程。除二公司的失而复归外，"湖北工建总公司"的其他所辖单位也有所变化，如建筑设计所于1992年更名为建筑科研设计院，湖北振动器厂于1993年更名为湖北工程机械厂，材料设备公司于1996年变更为物资公司等。其实，这些单位不仅仅是名称发生了变更，而且在体制机制的许多方面都有所变化。当然，这一切都昭示着"湖北工建总公司"为改革所作的努力。

"湖北工建总公司"坚持不懈地改革，矢志不渝地创新，虽历经艰难与痛苦，但也依旧朝前走，参与建设了不少重大工程，比如北京亚运会的相关建设工程。1990年，北京亚运会顺利召开。这是我国第一次举办综合性国际体育大赛，个中意义不言而喻。"湖北工建总公司"三公司和安装公司参与了北京亚运会的相关建设工程，其中三公司承建运动员公寓和康乐宫等工程，而安装公司则参与亚运村集中供热厂、康乐宫、运动员公寓、写字楼的集中供冷与供暖以及东小区管道外网铺设等工程。其中，安装公司于1987年9月便开始承担部分安装工程。亚运村集中供热厂是亚运村的核心工程，主要负担亚运村、奥林匹克体育中心、东小区、南小区共四大片近200万平方米的空调供暖、热水供应等。在安装过程中，锅炉在质量上存在的较多缺陷给参与安装的施工人员带来了种种困难。但是安装公司的技术人员秉持着精益求精的宗旨，不断改进、完善工艺，精心组织、精心施工，很好地弥补了锅炉质量的不足。对此，锅炉生产厂家诚恳地说："湖北安装公司经验丰富，是一支技术过硬的好队伍。"供热厂厂长也给予安装公司高度评价，并在中层以上干部会议上说："我干了几十年的基本建设工作，从来没还没有遇到过如此讲质量、讲速度、服务态度好的队伍，真是做到了急用户所急，想用户所想，真心实意为用户服务，不但确保了亚运会的胜利召开，而且为我厂今后管理工作上台阶提供了良好的经验，打下了良好的基础。"最终，亚运村集中供热厂荣获亚运工程总指挥部工程质量荣誉奖，并在很长一段时间内成为北京大型供热厂的"样板供热厂"，亚运村康乐宫、11号和12号运动员公寓、运动员餐厅、综合楼获"特别鲁班奖"。

1993年1月，国家对外经济贸易部批准：自当年11月起，"湖北工建总公司"获得开展对外承包工程和劳务合作经营权，从而成为湖北省首家获得此权利的建筑企业。这使得"湖北工建总公司"直接享有与外商、外资企业签约从事规定范围内经营业务的权利，从而有利于公司经济效益的提高。事实上，从1974年起，当时还是"湖北省建委第一工程局"的"湖北工建总公司"就已经开始了对外经济援助，后来还陆续发展了劳务输出、国际工程承包业务，并在埃及和科威特两国设置了项目管理组。不过，1993年经过国家对外经济贸易部批准，对外工作成为"湖北工建总公司"整体发展的一个重要组成部分。

在党的十四大会议精神的指导和鼓舞下，"湖北工建总公司"终于从改革的困厄中走了出来，彻底解决了过去的经营困境，超额完成了年度计划，并创下了历史最高水平。1993年，"湖北工建总公司"全年累计完成4.4398亿元产值，超出年计划38.5%，取得了突破性的进步。在1993年度湖北建筑施工企业实力评价排名中，"湖北工建总公司"三公司、一公司和安装公司三企业均进入前20强，分列第四位、第六位和第九位。

1994年，"湖北工建总公司"一公司负责的襄樊新华市场工程，先后被评为湖北省优良样板工程、建设部优质样板工程，是"湖北工建总公司"成立以来首创的部优工程。显然，这对于提升名誉、赢得口碑、开拓市场具有重要的意义。1994年12月，"湖北工建总公司"三公司部分工作人员作为施工代表参加了在宜昌三斗坪组织的三峡工程开工典礼。三峡工程体量特别大、科技含量特别高，因此它对每个施工单位的选择极其严格，并且实行以业主负责制、招标承包制、建设监理制及合同管理制为核心的"三峡模式"。可想而知，参与建设的单位无不是业内翘楚。三公司、工业设备安装公司跻身于强手如林的三峡工程建筑现场，承接了三峡建设管理中心大楼项目等。对"湖北工建总公司"而言，这不仅是承接了一项工程那么简单，而是参与国家重点项目建设所获得的荣誉感和使命感能够极大激励职工前行，创"精品工程"，用工匠精神铸就百年基业。事实上，为国家建设挥洒汗水一直是"湖北工建"人源远流长的光荣传统。

20世纪90年代的"湖北工建总公司"在总体上已逐渐挣脱改革的困厄，但他们并不故步自封，沾沾自喜，而是再接再厉，深化改革，以期更为契合时代的发展而使自身更上台阶。1996年5月17日，为了适应市场经济发展的需要，"湖北工建总公司"更名为"湖北省工业建筑总承包集团公司"（以下简称"湖北工建总承包集团"，惯称"湖北工建"）。不久后的1997年4月，"湖北工建总承包集团"下辖的职工中等专业学校变更为湖北省工业建筑学校，成为一所普通中等专业学校。到了2000年8月，"湖北工建总承包集团"所辖机械化施工运输公司又更名为"土木建筑工程公司"。一如此前的"湖北工建总公司"，"湖北工建总承包集团"对这些机构进行调整，也是其进行改革尤其是深化改革的体现。

毋庸讳言，在计划经济向市场经济转变的过程中，企业中所固有的深层次矛盾只能通过改革来解决，而只有建立产权清晰、权责明确、政企分开、管理科学的现代企业制度，才是实现企业改革的根本途径。伴随着集团公司的组建，"湖北工建总承包集团"加快实现以资产为纽带的母子公司体制转变，重新焕发生机，而这成为企业发展的一个新的转折点。

"湖北工建总承包集团"的前身在计划经济的襁褓中成长起来，具有显著的计划经济印迹。就生产系统而言，从勘测、物资供应、构件生产到建筑施工、机电设备安装、装饰装修等能力一应俱全，从混凝土生产、高层建筑、土石方、运输等大型设备到中、小型机具应有尽有。事实上，"湖北工建总承包集团"的前身不仅限于生产系统，还包含学校、医院等配套系统。如此这般的国有大型企业包罗万象，但在市场经济的环境下自然而然地出现了棘手问题。一是利益主体分散化：实行层层承包之后，利益主体结构越来越分散，并与总公司之间形成矛盾，进而演变成尾大不掉的局面。二是核算单位小型化：以项目为核算单位已成趋势并将会更加细化。三是经营范围扩大化：国家不再下达任务，而企业为安置多余劳动力不断拓展经营门路。随着市场经济的发展，企业内部出现了一批小实体作为法人。这虽然给企业生存带来了贡献，但企业自身逐渐空壳化。而且，各级单位、各级法人各自为政，丧失发展优势，失去竞争力。由此，解决问题的唯一方法就是组建资产统一经营的母子公司体制的企业集团，逐步转变原本以行政隶属关系和经营生产相联结的多法人联合体。

改革开放以来的"湖北工建"在市场经济的大潮中可谓历经浮沉，而其从"湖北工建总公司"到"湖北工建总承包集团"都曾陷入经营困境，甚至一度被纳入全省特困企业行列。比如20世纪90年代末的"湖北工建总承包集团"一公司，就由于经营不善而连续几年都只发几个月工资，以至于绝大部分职工都不得不下岗而外出谋生（一公司最终因资不抵债于2007年被迫清产停业而退出历史舞台）。几代人心血铸就的企业在时代大潮中危如累卵，举步维艰，而曾光荣参与"三线建设"的万名"湖北工建"人面临下岗或已然下岗。由此,成百上千个家庭面临着生活无所凭依的窘迫状态,而那些双职工、两代"湖北工建"人的家庭更是如临灭顶之灾。终于,在1997年的时候,"湖北工建总承包集团"根据劳动部和湖北省委、省政府有关指示精神,出台了《集团公司实行全员劳动合同制试行办法实施细则》《集团公司下岗员工管理办法》等文件,制定了下岗协议等7个附属文件,推行全员劳动合同制度,迈出了企业改革用人制度的重要一步。1998年,"湖北工建总承包集团"为扭转亏损的局面,定下解困目标:即到2000年,扩大市场份额,降低工程成本,提高工建信誉,扭转亏损局面,不拖欠当年工资,实现企业的转型升级和发展。同样是在1998年,由三公司、安装公司共同承建的三峡建设管理中心大楼工程,经过建设部中国建筑业协会评选委员会评审,被提名为"中国建筑工程鲁班奖(国家优质工程)"(以下简称"鲁班奖")。这是"湖北工建总承包集团"乃至整个"湖北工建"有史以来获得的建筑业最高荣誉,从而为"湖北工建总承包集团"以后的集团站位、市场竞争发挥了巨大的作用。1999年,湖北省委、省政府国有企业脱困搞活专题座谈会召开。省委主管部门要求"湖北工建总承包集团"从自身入手,不断深化改革,转换机制,强化管理,提高竞争力;同时在政策上将予以支持,在资金上将予以补贴,关注基本口粮工程;实现"两个确保"(即确保离退休人员统筹养老金和下岗职工生活费的发放),将特困职工纳入当地城镇居民最低生活保障范畴等,为特困企业帮困解难创造了良好环境。

ISO(International Organization for Standardization,国际标准化组织)是一个对企业质量体系和产品质量体系进行量化衡量的国际组织,而能否取得ISO认证就是一个企业在国际组织中能否取得客户认可的首要"资质"。在两年半的准备期间,"湖北工建总承包集团"领导多次召开专题会议讨论研究,第一时间成立领导小组筹划部署工作,并且不断统一思想认识,凝聚每一名员工的力量投入质量体系认证工作中。常言道"功夫不负有心人",在2000年6月1日,经过预审和正式整合,中国方圆标志认证委员会质量认证中心认为"湖北工建总承包集团"质量体系文件符合标准要求,质量体系运行有效,质量活动记录齐全,工程质量稳定且有所提升,并向公司颁发了ISO9002质量认证证书。2001年,"湖北工建总承包集团"三公司负责的湖北省消防指挥调度中心大楼工程先后被武汉市建筑业协会评为"黄鹤杯"金奖、被湖北省建设厅评为"2001年度建筑工程楚天杯获奖工程"(省优样板)。这进一步提高了"湖北工建总承包集团"在武汉的知名度,并为其持续扩展武汉建筑市场打下了良好的基础。

第二节　杰出典范创精品

改革伴随着艰难和痛苦,但"湖北工建"的先辈们凭着"攻坚克难、开拓进取"和"务实重任、担当有为"的狠劲和拼劲,踏过一个又一个的坎坷,创造一个又一个的奇迹。正是因为他们的努力,"湖北工建"得以不断发展和壮大,从而成为我国地方建筑企业的代表之一。历史一直在向前推进,而"湖北工建"也一直随着时代在发展,但"湖北工建"的先辈们所凝结的企业精神是一种永不磨灭的印记,代代相传。黝黑的肤色、坚毅的眼神、朴素的衣着是他们的标志;不辞辛劳、不求回报是他们的代名词;工作上坚持"以质取胜"是他们的首要准则;把建筑打造成有生命、有价值、有意义的经典,就是他们的初心使命。他们经常舍小家为大家,为的就是不耽误工作、不给兄弟单位拖后腿。每个时代有每个时代的英雄,而每个职业又有每个职业的楷模。改革开放以来,尤其是总部自十堰移师襄樊以来,"湖北工建"涌现了一大批创造精品的杰出典范。

一、青年创佳绩

1982年,在党委的领导下,"湖北省第一建工局"团委开展了争当"最佳青年技工""优秀青年团员"等活动。广大青年团员积极响应党委、团委号召,纷纷参加岗位练兵和技术比武活动,从而有效地推动了工程进度和质量的发展。同期,以共青团为主组织的青年突击队朝气蓬勃、敢想敢干,在许多工作上发挥了积极作用。1985年,青年突击队由此前的26支增长到40支,而总人数也增加到了900人。其中,王双田青年突击队列入全国先进青年队行列,被团中央、建设部、中国建筑工会命名为"全国优秀青年突击队",而操三咏青年突击队则被命名为"省新长征突击队"。

1986年是我国"七五"计划的第一年,又是执行"湖北工建总公司"三年发展规划的第一年。为此,企业在上级团委的部署下,贯彻全国党代会精神,以活跃基层为重点,紧紧围绕企业的生产和经营管理持续开展"创全优,争样板,比贡献"的青年突击队和个人的生产竞赛以及"我为企业献青春"等创造性活动。各项活动的开展,极大调动了广大团员青年的积极性和创造性,先后涌现出了一大批先进集体和个人。在1985年的表彰大会中,一公司一处操三咏抹灰青年突击队、一处吴江录瓦工青年突击队、二处纪玉海瓦工青年突击队、三处赵其利瓦工青年突击队、三处董双金蹦蹦车青年突击队被评为优秀青年突击队；一公司一处三队团支部"为您服务商店"、三处一队团支部洗像组以及预制厂太原支部洗衣组被评为优秀服务队。一年来，这8支青年突击队分别承担着"湖北工建总公司"的重点工程或全优工程。青年突击队不怕苦不怕累，他们志愿到工期紧、任务重、要求高的地方去，而且他们发挥自身优势在许多工作中独占鳌头，以实际行动和满腔热情赢得了这些光荣称号。

"湖北工建总公司"一公司一处的操三咏抹灰青年突击队是一支永远打不败的铁军。这支青年突击队曾连续两年被总公司命名为优秀青年突击队，并被团省委命名为"省新长征突击队"。1985年，这支青年突击队再接再厉，甩开膀子大干。一年来，他们先后承担了六〇三厂排字车间、老龙堤活动室等项目的建设任务。面对本来不是创全优项目的老龙堤活动室工程，操三咏抹灰青年突击队以高度的责任感和一丝不苟的工作精神，精心操作，如期完工。经工程处安质部门检查后，质量一次性合格率高达98％，工程全部优秀完成，得到了领导的一致好评，以至于这项工程还被评为"青年全优工号"。而作为工程处和公司的全优项目——襄樊财校工程，因主体工程质量不佳，甲方和总公司对此深感不满。为了规避不良影响，重塑一公司声誉，一公司改调操三咏抹灰青年突击队负责该工程的装饰施工。要知道，将该工程"起死回生"并不是一件容易的事情。起初，这支青年突击队的一些成员也信心不足，工作激情不高。鉴于此，公司团委在工地上召开了紧急动员会，统一思想，振奋精神，鼓舞士气，从而使大家认识到，这项工程能否创出全优是事关全局的一场声誉战。此后，整个青年突击队鼓足干劲，满腔热情地投入工程之中。在数月鏖战之后，工程经安质部门检查验收质量一次性合格率达95％。这是操三咏抹灰青年突击队继1984年局基建2号楼获得全优样板工程第一枚金牌后，又凭实力突破困难完成的全优工程，而这在一公司的建筑史上具有划时代的意义。

一公司一处吴江录瓦工青年突击队也是一支工作过硬的队伍。1985年，为实现公司三年翻番的宏伟目标，这支青年突击队以满腔激情和顽强意志在严寒酷暑里南征北战，圆满地完成了一个个急难险重任务。6月至8月正是天气炎热的时候，而这支青年突击队恰在此时被公司派遣到宜城执行突击任务。工地是新开的，所以生活和工作条件都没跟上。此外，头顶炎炎烈日，别说甩开膀子大干，就是出去溜一圈都会大感热得喘不过气来。但青年突击队员们的心中只有一个念头，那就是与高温作战并夺得高产，宁可晒掉几层皮，也要提前完成任务。经过两个多月残酷的考验和磨砺，他们终于完成了这个看似不可能完成的任务。之后，他们又收拾好行囊，不畏疲倦地转战襄樊仪表元件厂、襄樊钢厂和襄樊五中等工地承担突击任务。也正因如此，吴江录瓦工青年突击队所到之处往往都会受到各方称赞。

一公司二处纪玉海瓦工青年突击队也因表现突出而闻名于公司内外。1984年,纪玉海瓦工青年突击队负责的"二汽"铸三综合材料库工程,在全省被评为全优样板工程,为公司获得了第5枚金牌。1985年,这支突击队又总结经验,戒骄戒躁,继续优化管理,奋发进取,再创佳绩。由他们施工的铸三生活区食堂和厂区食堂的质量一次性合格率均高达93%以上,其中铸三生活区食堂还被公司评为全优样板工程。可以说,纪玉海瓦工青年突击队不仅为一公司赢得了声誉,还为一公司在"二汽"襄樊基地站稳脚跟作出了重要的贡献。

一公司三处赵其利瓦工青年突击队是湖北省基建系统的第一支青年突击队,成立两年多以来,该队一直以建队育人为指导方针,注重提高队员的思想和技术素质。他们一直坚持党和公司的领导,时刻准备着投身艰巨的任务,按时保质保量地完成任务。1985年9月,襄樊卧龙饭店工程的底层建筑任务亟待完成,而这支青年突击队便奉命参与援助。他们与公司的瓦工班团结协作,互通有无。于是,原本预计需要11天才能完成的工程,他们仅用了短短的5天半就完工了。由此,赵其利瓦工青年突击队的战斗力也得到了各方的一致赞扬。

一公司三处董双金蹦蹦车青年突击队虽然是一支配合工种的突击队,但他们的贡献也不容小觑,因为他们在提供优质服务与紧密配合前线节约材料上作出了突出贡献。其实,类似的优秀青年突击队还有很多,而他们创造出的佳绩更是不胜枚举。青年代表着未来,而这些青年突击队的优秀表现无疑意味着他们所在的公司乃至整个"湖北工建"朝气蓬勃、未来可期。

二、高峡起新楼

巍巍三峡,壮阔宏伟。"湖北工建总承包集团"三公司、安装公司承建的三峡建设管理中心大楼屹立于宜昌市三峡库区江峡大道旁,总高68米。登临楼顶,可以鸟瞰整个三峡坝区全景。大楼造型新颖别致,其底楼的城堡式造型颇有中国古城楼风味,而大楼顶端塔楼上的球型灯与西陵大桥的灯光遥相辉映,将坝区的夜晚装点得绚丽多彩,并成为坝区一道亮丽的风景线。1998年11月15日,中国建筑业协会评定,三峡建设管理中心大楼工程被提名1998年度鲁班奖。

三峡建设管理中心大楼工程凝聚了参与建设的"湖北工建"人的心血和汗水。彼时荒凉的三峡工地地势险峻,其施工条件艰难得超出想象。有道是"晴天一身灰,雨天一身泥",一脚踩上淤泥不使出吃奶的劲儿别想拔出来。基础设施基本为零,甚至连生活用水都靠职工们来回一小时地肩挑手拎。当地也没有食品供应，所以职工们很多时候只能就着咸菜下白米饭，否则就得远赴宜昌市区采购。施工现场还没有电，晚上伸手不见五指，而职工们就点着蜡烛看现场。然而就是在这样的环境下，"湖北工建"再次筚路蓝缕地开创出企业史上的新高度。

"树立精品意识，打出精品品牌"，而以品质打出口碑是"湖北工建"人一直以来的信仰。精雕细琢的工匠精神，决定了"湖北工建"人对每项工程都细致打磨，以质量铸就企业长存的百年基业。"严谨地布置、严密地检查、严肃地处理"成为三峡项目组立身之本，而每一项工艺都做到万无一失又是三峡项目组的最低要求。为了保证立柱、横梁浇筑的模板标准，项目组专门派人去湖南，花大气力、大代价找来了竹夹板，果断放弃以往使用的钢模板。以革新工具开路，工艺水平自然大幅提高。在项目分段施工期间，墙上挂着写有每个人姓名的小木牌，而这就是在秉持"谁施工、谁负责"的原则，以方便奖优惩劣。质量检查实行自检、互检和交接检，从而保证及时发现影响质量安全的因素并对之加以改进。同时，三峡项目实行工程建设监理制度，所以成员们坚持上一道工序没有通过监理工程师的检查，下一道工序就不能施工的原则，从而进一步提高施工质量。在电梯间打高68米的混凝土墙体时，按照规定，每高4.5米可允许偏差5毫米，但项目组自觉提高了工程质量，自己规定偏差不超过3毫米且上下光滑、平整。

三峡项目实行项目法施工，而项目法施工讲究优化配置，尤其是以科技为先导。为此，项目组领导组成检查班组质量的QC（质量控制）小组，不断循环、滚动、发现、分析、处理、总结、提高，因地制宜，多种形式围绕工程质量开展活动。在主体结构施工中，针对梁柱接头中常见的跑浆现象，QC小组反复分析、研究，提出可重复使用的接头专用模板方案，做到了混凝土接头光滑、平整、美观，成功解决了质量问题。而针对钢筋竖向接头质量要求，QC小组则从电流、卡具、控制时间、操作技巧等方面分析原因，开展技术攻关，改进方法，调整导线、钢筋方向等，解决了焊缝偏向、焊缝夹渣等现象。此外，在QC小组的严格管理下，1000多平方米的花岗岩地面铺设，错缝没有超过2毫米，完全达到规范要求。

项目组为了保证施工质量，建立了完善的质量保证体系，以工匠精神把控每一道细节，将质量控制贯穿到施工的全过程。首先，对直接参与施工的指挥者进行操作前技术交底，避免因指挥不当产生工程质量问题，保证指挥者素质，并选用综合实力较强的建筑队进行施工，保证细节和质量。第二，对施工中的原材料、半成品、成品等实行产品质量控制，严格检查验收。第三，对施工机械设备工具等严密控制，根据不同工艺的特殊要求和技术要求，选用合适的机械设备，避免出现器不利其工的情况。第四，对施工的组织设计、施工方案、施工工艺、施工技术措施等严密把控，多方论证，成熟后方可用于现场。就是在这种严格的质量把控下，土建安装10个分部的优良率达到100%，而其投入使用后，各功能系统正常运转，一年内大楼沉降观测仅3毫米，且地下室屋面不漏水。在追求质量至上的同时，"湖北工建"也展现了不同凡响的"工建速度"。1996年12月15日，大楼主体结构提前封顶，比原计划整整提前了45天。虽然俗话说慢工出细活，但是"湖北工建"人用行动和成绩展现了速度和质量兼顾的扎实功底。

三峡建设管理中心大楼被提名鲁班奖，离不开三公司在土建上的辛勤耕耘，同时也离不开安装公司的精雕细琢。该项目本身作为重点工程，在招标中对施工质量、进度、资金有着严格要求，而安装公司凭借着过硬的实力和技术，拔得头筹，在严密筹谋后一举中标。安装公司领导层在任务中标后，即对该项工程提出了要求——为公司、分公司创出牌子，冲击省优甚至鲁班奖，展示公司实力。

为了打好这一仗，安装公司在人力、物力、财力上都给予了大力的支持，包括专门召开员工动员大会，挑选得力的技术骨干奔赴一线开展工作。承担整个大楼安装工程的项目组正式员工只有57人，即使是在高峰时期也仅有70来人，但短短6个月的时间，干出了1400多万元的工作量，并且实现了施工现场零安全事故的好成绩。不言而喻，这是现场所有安装职工们呕心沥血取得的成就。现场的每一个细节、每一道工序，都严格要求：管工张小普，在喷淋系统调试中换管件，仅仅一天的时间，零件足足换了3麻袋，直至无一渗漏；电气班长宋伟，带领全班9个人，两天时间在15层楼放线近2000米，而大楼自动控制放线长度前后达120000米。破楼板洞是电气施工放线时最令人头疼的苦力活，每个竖井40个洞，又没有吊篮，他们就采取打过墙眼的方法放线。功夫不负有心人，在大楼竣工调试中，电气、空调、采暖、煤气、给排水等各专业工程以及消防喷淋117个分项工程全部合格。尤其是消防水泵房，十几台水泵在高压运行下没有一滴水渗漏，其工程质量堪称国内一流。

最终，秉持质量至上的工匠精神，"湖北工建"人用扎实、优质的工程质量赢得了市场赞誉。在史无前例的三峡大坝工程建设中，"湖北工建"人用自己的辛勤和汗水，留下了浓重的一笔。

第三节　党建引领强思想

1982年出台的《中国共产党工业企业基层组织工作暂行条例》规定："企业中党委是企业的领导核心。党委对企业生产行政组织、职工代表大会，以及工会、共青团、民兵等群众组织，实行统一领导。"到了1984年，面对新的经济形势，党的十二届三中全会通过的《中共中央关于经济体制改革的决定》则进一步具体地指出："现代企业分工细密，生产具有高度的连续性，技术要求严格，协作关系复杂，必须建立统一的、强有力的、高效率的生产指挥和经营管理系统。只有实行厂长（经理）负责制，才能适应这种要求。企业中党的组织要积极支持厂长行使统一指挥生产经营活动的职权，保证和监督党和国家各项方针政策的贯彻执行，加强企业党的思想建设和组织建设，加强对企业工会、共青团组织的领导，做好职工思想政治工作。"在此背景下，"湖北省第一建工局"以及后来的"湖北工建总公司"不断改革并深化改革，逐步建立现代企业制度，实行经理负责制。进而党组织积极转变党的领导模式，从"大权独揽、小权分散"的"一元化"领导，转变为用主要精力抓好思想政治工作和职工队伍建设，更好地服务企业的生产经营工作。

1981年，"湖北省第一建工局"在纪念中国共产党成立60周年之际，积极开展"先进党支部"和"优秀党员"的评选活动。通过各级评选，共评出14个先进党支部和137名优秀共产党员。开展先进党支部、优秀党员评选活动有利于充分发挥党员的先锋模范作用，有利于经济上进一步调整和政治上进一步安定团结，有利于促进社会主义四化建设。此后，"湖北省第一建工局"要求各分公司要持续开展评选活动、常态固化。在开展党的自身建设和纪律检查，加强党员干部和职工的思想政治工作等经常性党组织活动的同时，针对这一时期党组织建设面临的诸多新矛盾、新挑战，企业党委主要做好五项工作：一是充分发挥各级党组织在企业中的保证统管作用；二是严格监督行政领导按企业法行使职权，认真完成各项任务，积极发展生产力，着力提益争效；三是深化改革，在政治体制改革中加强党的建设，建立健全党的制度和严格党的纪律，充分发挥全体党员在一切工作、生活中的先锋模范作用；四是大力支持工会、共青团等群团组织依法独立自主地开展工作；五是进一步增强企业的凝聚力，通过明确思想政治工作的基本任务，即树立企业精神而培养有企业思想、文化、技术素质的新一代，最大限度地激发职工的积极性、主动性、创造性。1993年，在企业党组织的关注下，时称"湖北工建总公司"的"湖北工建"为了满足广大职工的学习需求，创办《湖北工建报》①，从而给职工搭建了广阔的学习平台，同时也拓宽了学习渠道。自《湖北工建报》创办20多年以来，广大职工通过报刊不仅能学习到国家政策、法律法规、传统文化和企业管理等相关内容，不断丰富自身的知识结构，还能学习身边优秀员工的先进事迹，感受先进的力量，持续激发自己的爱厂、爱国热情。此外，不少职工还给报刊投稿，发表感悟、感想，从而提高了自身的文笔能力，展示了自己的特色风采。

20世纪80年代以后，随着物质条件的不断丰富、社会风尚的逐步变化，卡拉OK厅、舞厅等休闲场所也逐渐多了起来。在企业党组织的领导下，企业团组织、工会多次举办各式各样的舞会、卡拉OK比赛等活动，有效丰富了广大职工的业余生活。据《湖北工建报》报道，每逢佳节，各个支部都要组织节目丰富多彩的晚会。比如，为庆祝45周年国庆，一公司举办卡拉OK交谊舞比赛；安装公司工会每年劳动节举办篮球、游泳、爬山比赛；职工中专组织"五月风"文艺晚会表演。职工子弟同样也参与其中，如安装公司组织其幼儿园的小朋友们欢庆儿童节，校鼓号队献上精彩表演。1995年，"湖北工建总公司"为庆祝抗日战争胜利50周年暨46周年国庆，举办"工建杯"歌咏比赛。当时，一公司、机械化施工运输公司、安装公司、职工医院、职工中专、总公司机关等各个单位以及老干部合唱团都参与了比赛②。可以说，这是全员参加的盛会，而这又仅仅只是数十年里"湖北工建"举办的众多节庆盛会的一个剪影。类似这些活动的开展，既增添了节日的氛围，又丰富了业余的生活，还缓解了工作的压力，从而大大有利于企业的稳定和发展。

除了节庆日举办的庆祝活动，日常生活中的文娱休闲活动也不少。比如，自1994年6月起，安装公司三处团总支、工会将每周五晚上设定为专门的活动时间，举办"夏日周末晚会"。这吸引了许多老师傅、中年职工参与其中。为了保证舞会质量，团总支、工会不仅精心购置了一批舞曲磁带，专供伴奏，还安排专人浇水为场地降温。在舞池中，众多舞友欣然入场翩翩起舞。这不仅是一道独特的风景，还是职工们尽情欢笑、难以忘怀的美好时刻。随着社会的发展，各支部还会举办拔河比赛、迎春长跑、时装表演等形式多样的活动，不断丰富广大职工的文娱休闲生活。当然，各支部也没有忘记退休员工、老干部们的文

---

① 《湖北工建报》创刊于1993年5月31日，一直由"湖北工建"主办。该报是内部资料，且不定期印行（有时一个月印行一份，有时两个月甚至数月印行一份）。该报主要反映"湖北工建"员工的生产、生活，并主要接受员工的投稿。

② 今冬.总公司举办"工建杯"歌咏比赛[N].湖北工建报，1995-9-30（1）.

化娱乐需求。他们在党团活动中心专门为退休职工设立了活动室，还组织退休女工成立了元极舞舞蹈队。

其实，在企业党组织的领导和关注下，团支部、工会等群团组织可以说关心职工生活的方方面面，矢志提升职工的生活品质。比如，《湖北工建报》长期开设"文化生活"版面，而其登载的内容都是团支部、工会等群团组织提供的与日常生活息息相关的内容，包括介绍如何选购激光光盘、冰箱、彩电等时新事物，以及分享一些生活小常识、美味菜谱等等。此外，工会还经常为未婚男女牵线搭桥，如通过组织"中专教师共游三峡"等活动，为他们创造机会，增进感情。

第四节　披荆斩棘觅新途

时光悠悠，征路迢迢。一朝风云变，企业改革兴。随着改革开放的大幕徐徐拉开，"湖北工建"也趁势而动。在改革开放的浩荡浪潮中，"湖北工建"闯险滩、战激流，开足马力，劈波斩浪，驶入崭新而广阔的天地。历史必将铭记那些年、那些人、那些事，包括领导者之担当、施工者之光荣、奋斗者之骄傲等等。他们的故事，正是"湖北工建"自强不息、攻坚克难、激流勇进的命运历程，展现的正是"湖北工建"几十年来的精彩与宏大。改革之年，"湖北工建"志未酬、肩不歇、气正豪，跟随改革节奏，真正摆脱枷锁，求变革新，从而在新世纪、新时代紧抓机遇，获得巨大发展，为人民、为社会、为国家作出巨大贡献。

涅槃之路，必定要经过烈火的淬炼。"湖北工建"在改革开放的浪潮中虽几经坎坷，但最终经受住时代的考验，获得新生。十一届三中全会提出了改革开放的战略目标，而这并不意味着一切都已准备好，立马可以脱胎换骨。"湖北工建"的队伍本是为建设"二汽"而组建的，因此这一支建筑队伍与"二汽"建设荣辱与共。然而，改革开放之初国民经济正处于调整期，财政困难。再加上这一时期的经济建设重心发生转移，于是国务院对"二汽"建设的支持不胜从前，而"湖北工建"由此面临生存危机。面对这一危急形势，"二汽"请求"量入为出，自筹资金，续建二汽"，并获得国家批准。为了力挽狂澜，更为了契合时代发展需求，"湖北工建"总部由十堰迁至襄樊。此后，"湖北工建"获得较大发展，不仅完成"二汽"基地的大批建设任务，而且还在省内外承建大批工业和民生工程。显然，这为"湖北工建"的接续发展注入了强大的生命力。十二届三中全会之后，为适应经济体制改革的需要，"湖北省第一建工局"改为"湖北工建总公司"，并继续开展新的业务。在 20 世纪 90 年代初，国际局势波澜再起，由东欧剧变至苏联解体，社会主义国家生存愈加艰难。我国作为当时最大的社会主义国家，受到国内外的质疑，改革与经济发展皆陷入困境。面对改革的关键节点，邓小平奔赴南方各地考察，发表了著名的"南方谈话"，强调市场经济的重要性和必要性，从而为国内人民树立了信心，继续推进改革开放。"湖北工建"从计划经济中成长起来，其发展理念、发展模式沿袭多年而难以改变，所以一遇到新兴的市场经济环境便会显得格格不入，突然之间倍感"水土不服"而不得不艰难求生。随着十四大与十四届三中全会的召开，"湖北工建"终于找到了发展的新方向，建立起产权清晰、权责明确、政企分开、管理科学的现代企业制度，在市场经济大环境下逐渐如鱼得水，完成了从计划经济到市场经济的转变。自此，"湖北工建"的发展之路乘风而起。诚然，每个阶段都有新的问题出现，但总体而言其发展之路逐渐顺畅。

攻坚克难谋发展，开拓进取展宏图。时代在变迁，社会在进步，但"湖北工建"的先辈们锐意进取、迎难而上、无私奉献、有为担当的铁血精神依然在血液中沸腾，从未改变。"历史车轮滚滚向前，时代潮流浩浩荡荡。历史只会眷顾坚定者、奋进者、搏击者，而不会等待犹豫者、懈怠者、畏难者。""湖北工建"如今的辉煌成就，是老一辈"湖北工建"人攻坚进取的成果。在"湖北工建"的发展历程中，"湖北工建"的先辈们以自己的血肉之躯和聪明才智为企业立下汗马功劳。回望过去，先辈们奋发向上、顽强拼搏的身影仍历历在目。改革开放之后，总部驻襄樊的"湖北工建总公司"以及后来的"湖北工建总承包集团"涌现出大批优秀的职工个体与建设团体。他们肩上有担当，脑中有思路，在新时期轰轰烈烈搞事业，是"湖北工建"熠熠生辉的珍宝。广大青年职工也积极响应公司号召，充分发挥积极性和创造性，在工程建设中大放异彩。一公司一处操三咏抹灰青年突击队、一处吴江录瓦工青年突击队、二处纪玉海瓦工青年突击队、三处赵其利瓦工青年突击队、三处董双金蹦蹦车青年突击队等都是当时极其优秀的青年建设团体。每个人都有自己的青春年华，而每个人又都是一个了不起的个体。由这一个个了不起的个体所组成的集体又创造了一个又一个的辉煌，尤其是"湖北工建总承包集团"三公司、安装公司承建的三峡建设管理中心大楼工程更是获推为国家优质工程，一举打破了"湖北工建"40多年来争创国优的零纪录。"湖北工建"的先辈们对党忠诚的政治品格、心有大我的家国情怀以及拼搏不止的工作信念正是对攻坚克难、开拓进取、对党忠诚、为国奉献的"102 精神"的继承与发扬。

党的领导是风雨来袭时中国人民的主心骨，更是"湖北工建"在波澜壮阔的改革浪潮中的主心骨。改革开放以来，国有企业取得的巨大成就与党的领导密切相关。习近平总书记强调，"国有企业是中国特色社会主义的重要物质基础和政治基础，是我们党执政兴国的重要支柱和依靠力量""坚持党的领导、加强党的建设，是我国国有企业的光荣传统，是我国国有企业的'根'和'魂'，是我国国有企业的独特优势"。在"湖北工建"的发展历程中，企业发展到哪里，党的建设就跟进到哪里，党支部的战斗堡垒作用就体现到哪里。可以说，这为"湖北工建"做优、做大、做强提供了坚实的组织保证。改革开放时代的"湖北工建"全面实行经理负责制，而在新形势下，党组织紧跟时代潮流，转变领导方式，从"大包大揽"转为主要负责思想建设与组织工作，做好监督工作，成为企业坚强的后盾。针对这一时期出现的新问题，"湖北工建"党委明确工作内容，从保证统管、严格监督、深化改革、支持群团、凝心聚力五个方面开展工作，为企业发展保驾护航。为了提高职工的思想觉悟，为了给职业提供学习平台，为了丰富职工的精神世界，"湖北工建"创办企业刊物，极大地丰富了职工的精神生活。随着职工生活需求多样化，报刊还开设生活专栏，普及生活常识。随着时代的发展和经济水平的提高，人们娱乐的方式也逐渐丰富。工会、团委在党委的领导下，每逢佳节来临之际，积极组织各种晚会，给广大职工带来满满的仪式感。日常生活中的娱乐活动更是丰富多彩，舞会、时装表演、卡拉OK、春游等等，极大地丰富了职工的业余生活，同时又缓解了职工的工作压力。工会为未婚职工牵线搭桥，切切实实为企业职工服务。坚持党的领导，筑牢企业发展根基。方向决定道路，道路决定命运。改革开放以来，正是由于党高瞻远瞩、审时度势，把握时代脉搏，着眼发展大局，"湖北工建"才能在国家建设的过程中一路高歌，大放异彩。"湖北工建"各级党委以一往无前的勇气和高超的智慧，带领企业乘风破浪、披荆斩棘。未来发展之路漫漫，但在党的领导下，"湖北工建"必将拥有一片光明前景。

回顾"湖北工建"几十年的风云变迁，没有任何事情能像改革开放一样，深刻影响着"湖北工建"的成长轨迹。波澜壮阔的实践无可辩驳地证明：没有改革开放，就没有"湖北工建"今天的璀璨，也没有"湖北工建"明天的辉煌。而"湖北工建"的先辈们敢为人先、只争朝夕、敢闯敢试、直面难题、忠诚奉献的美好品质，既是其内在强大的动因，又是其外部出彩的铠甲。新时代新征程，"湖北工建"求变创新，涅槃重生。在党的领导下，在集团上下的共同努力下，重获新生的"湖北工建"必将拥有更加光明的前景！

第四章

世纪启新篇
武汉展宏图
（2002—2020）

"湖北工建"扎根湖北的发展与"二汽"建设息息相关,而"二汽"厂址所在的十堰更是"湖北工建"长达10余年的总部驻地所在。但当历史推进到20世纪80年代初,国内外形势都已趋于缓和,而地处山区的十堰终归在地形、交通等诸多方面限制了"二汽"的进一步发展。于是,"二汽"将部分生产线拓展至襄樊,而"湖北工建"总部以及旗下一部分公司也随迁至襄樊。20世纪80年代是改革开放兴起的时代,而此时由十堰搬迁至襄樊的"湖北工建"便势所必然地加入改革开放尤其是改革的浪潮之中。在改革中,"湖北工建"面临一个又一个困厄,但同样是在改革中,"湖北工建"克服一个又一个困厄。当历史再向前推进到20世纪90年代末时,改革开放已不断深入,而此时包括"湖北工建"在内的国有企业又普遍面临企业活力不高、发展前景暗淡等问题。2000年1月1日,新世纪的篇章开启,而一直在改革且不断在深化改革的"湖北工建"便于21世纪之初的2002年将总部由襄樊搬迁至湖北省省会武汉,以期创造新的发展契机。2006年12月,"湖北工建"更是审时度势,由"湖北省工业建筑总承包集团公司"改制、更名为"湖北省工业建筑集团有限公司",并由此在武汉开启了大展宏图的新时期。

第一节　鼎新图强兴大业

改革开放以来,社会环境发生了翻天覆地的变化,给企业的生存带来了巨大的挑战。进而言之,能够适应社会环境巨变的企业才能够生存下去,甚至得到进一步的发展,而不能适应社会环境巨变的企业则必将被时代所淘汰,最终沦为历史的烟尘。至于能否适应社会环境巨变的关键,则在于改革。毋庸讳言,对于当时的企业而言,不改革就难生存,欲生存则必改革。显然,在这个过程中,改革是动力,而生存则是目的。历经20余年改革后,21世纪的篇章已开启,大浪淘沙式的淘洗已淘尽不能改革或改革不成功的企业,余下那些因改革成功而已然适应社会环境巨变的企业。然而,这个时候,它们显然并不满足于生存,而试图有更进一步的发展。当"生存"的目的转变为"发展"时,改革依旧是强大的动力。于是,这些企业继续改革,深化改革,以图发展再发展。对于"湖北工建"一类的国有企业而言,此前便最先开始改革并在事实上成为改革大军的排头兵,而此时又当仁不让地在深化改革的大潮中执牛耳。具体到"湖北工建",在这一时期不仅将其改革进一步深化,同时还将其发展进一步升级。

改革以鼎新，发展以图强，"湖北工建"就在21世纪伊始踏上其鼎新图强创建丰功伟业的漫漫征途。

一、改革再深化

新千禧伴随着新的机遇和新的挑战。就在21世纪开篇后不久的2002年11月8日至14日，中共十六大召开。这是进入21世纪以来，中国共产党召开的第一次全国代表大会。显然，这是一次谋划靓丽世纪开篇的盛会。十六大报告提出了深化国有体制改革的重大任务，明确要求中央和省、直辖市、自治区两级政府设立国有资产管理机构，成立专门的国有资产管理机构，改变部门分割行使国有资产所有者职能[1]。给国有企业松绑，改善国有企业现有的运作模式，已经成为一项重要任务。自改革开放以来，许多国有企业摸着石头过河，在一步步探索中负重前行，十六大无疑给国有企业如何改制释放了重要信号。

国有企业作为我国国民经济的主导力量，在推动整个社会稳定和经济发展方面曾经发挥了举足轻重的作用，但是进入20世纪90年代后期，世界科技、信息高速发展，市场竞争更加激烈，由长期计划经济体制带来的政企不分、负担沉重、活力不足、效益低下、亏损严重等弊端日趋加剧并日益影响到国民经济的发展。国有企业作为曾经我国国民经济最重要的支柱，如何摆脱颓靡，重新焕发生机，成为亟待解决的难题。毋庸讳言，在这沉积千年的古老国土上如何推进市场经济这个崭新事业，谁都是摸着石头过河。在这个过程中，由于历史、企业自身决策等诸多方面原因，大部分国有企业曾在长时间内都处于困难时期，形势不容乐观。事实上，要想摆脱困境，就必须尽快建章立制，建立现代企业制度，从上至下压实危机感、紧迫感并牢牢把握机会，置之死地而后生，大胆实行产权制度改革，使企业逐步走上健康发展的道路。1999年召开的党的十五届四中全会集中研究了国有企业问题，并对如何建立现代企业制度进行了全面阐述，从而为国有企业在21世纪加快改革奠定了理论基础。大体而言，建立现代企业制度需要把握好四个重点。第一，对国有大、中型骨干企业进行规范的公司制度改革，在规范改制的基础上尽可能地推行股权多元化。进而言之，今后除极少数必须由国家垄断经营的国有企业外，其他国有企业要通过多种途径积极发展多元投资的股份有限公司和有限责任公司。第二，探索国有资产管理的有效形式，构造国有资产营运主体。第三，探索建立符合市场经济要求的企业

---

[1] 佚名. 中国共产党第十六次代表大会在京开幕[N]. 人民日报，2002-11-08（1，4）.

经营者选拔任用和激励约束机制。第四，深化企业内部改革，转变企业内部经营机制①。

2007年10月15日至21日，中共十七大召开。十七大提出了加快转变经济发展方式的战略任务，以期更好地解决经济长期各界的结构性矛盾和经济增长方式粗放问题。三年后，党的十七届五中全会召开并对加快转变经济发展方式的基本要求作出新的概括，并提出把改革开放作为强大动力。于是，所有制改革方面的国有经济战略性调整和国有大型企业改革都得以加快推进。早在2006年，中央企业就已加大兼并重组的力度。到了2011年，国务院国有资产监督管理委员会监管的中央企业从2007年的159家减少到117家。由此，国有企业整体素质得以提高，竞争力也大大增强。

2012年11月8日至14日，中共十八大召开，标志着中国特色社会主义进入新时代。2015年，党中央提出"四个全面"战略布局（全面建成小康社会、全面深化改革、全面依法治国、全面从严治党），其中的"全面深化改革"又具有突破性和先导性。在改革实践中，党中央特别强调经济体制改革，提出并推进供给侧结构性改革、深化国资国企改革以及发展混合所有制经济等，从而推动国有企业、财税金融、对外开放等领域的改革不断取得突破。2017年10月18日至24日，中共十九大召开，此后，全面深化改革取得重大突破，若干领域实现了历史性变革、系统性重塑、整体性重构。其中，国资国企改革体系基本形成，民营企业等多种所有制经济健康发展。

时至今日，改革开放已历经40余年。在改革开放后不久的20世纪80年代初，党中央就提出了"两个大局"思想。据此，在改革开放的前二十来年里，"两个大局"思想落实在实践中主要表现为第一个大局的实现，即中、西部地区顾全东部沿海地区加快对外开放并使之较快地先发展起来的大局。在改革开放20余年后的世纪之交，党中央又适时地继承和发展了"两个大局"思想，展开对第二个大局的布局，即拿出更多的力量帮助中、西部地区加快发展。2000年1月，党和政府开启西部大开发战略②，即利用东部沿海地区的剩余经济发展能力来提高西部大地区的经济和社会发展水平、巩固国防。到了2004年3月和

---

① 刘婷．浅析深化国有企业改革的必要性[J]．中国集体经济，2012（16）：72-73．
② 西部大开发战略中的西部范围包括重庆、四川、贵州、云南、西藏自治区、陕西、甘肃、青海、宁夏回族自治区、新疆维吾尔自治区、内蒙古自治区、广西壮族自治区等12个省、自治区、直辖市。这些地方在"三线建设"时期属于三线地区的西片和一线地区的边疆片。

8月,党和政府又先后作出促进中部地区崛起①、振兴东北地区老工业基地的重大决策。从西部大开发到中部崛起再到振兴东北,这无疑就是"两个大局"思想中的第二个大局在新的时代环境中的逐渐展开。自西部大开发战略实施以来,党和政府着力加强西部地区的基础设施建设,展开了一系列标志性工程的建设(如西电东送、西气东输、青藏铁路等)。此后,中部地区逐渐实现崛起,一批具有竞争力的优势产业和产品不断涌现,城市群、城市带和城市圈加快形成,而其承东启西的区位优势则不断凸显。至于东北地区老工业基地,也逐渐焕发出新的活力,如大庆油田、"一汽"等一批重点企业的技术水平显著提高,而其先进制造能力也不断增强。身处中部地区的"湖北工建"趁着西部大开发、振兴东北尤其是中部崛起的东风,锐意改革、深化改革,在建筑行业中不断前行,再创辉煌。

二、发展又推进

"湖北工建"的改革主要始于其总部驻扎襄樊的时期,但随着时代的发展,襄樊作为总部驻地已不能给企业带来更多的发展红利。于是早在1995年,当时的"湖北工建"——"湖北工建总公司"就将营业注册地点由襄樊变更为湖北省省会城市——武汉。第二年,"湖北工建总公司"又更名为"湖北工建总承包集团"。到了2001年9月底,新一届领导班子成立后,企业总部迁址武汉又被提上议事日程,并采取了一系列措施。首先,确定安装公司武汉分公司的办公楼作为总部的办公新址,并对办公楼进行全面整改装修以及陆续添置设备。其次,对旗下所辖各部门和人员定编定岗进行全面改革,精简机构和人员。2002年,"湖北工建总承包集团"正式将总部由襄樊迁至武汉。总部迁址武汉必将为企业谋得更多的发展空间,从而极大地有利于改善企业所面临的一些困境。因此可以说,总部迁址武汉是"湖北工建总承包集团"振兴发展的新起点。

事实上,总部迁址武汉本就是"湖北工建总承包集团"实现经营战略大转移的重要步骤。改革开放以来,十堰、襄樊市场已逐渐萎缩,这就迫使"湖北工建总承包集团"不得不开拓更新且更广阔的市场。进而言之,经营战略大转移已成为"湖北工建总承包集团"扩大商信、振兴发展的重要契机。反观武汉,作为省会城市,其市场容量较之于十堰和襄樊的市场容量显然不可同日而语,尤其是当时乃至当下的武汉,建设任务一直非常繁重。换言之,武汉的建设市场非常广阔。由此,总部迁址武汉的"湖北工建总承包集团"可以及时获取建

---

① 中部地区崛起的中部范围包括山西、安徽、江西、河南、湖北、湖南等6省。这些地方在"三线建设"时期属于三线地区的东片和二线地区的中片。

设任务信息,尤其是武汉的建设任务信息,从而大大地开拓市场。此外,"湖北工建总承包集团"是省属大型建筑企业,其各项业务均属于省直相关部门管理,而总部迁址武汉显然极大地便利了整个企业同省直相关业务主管部门加强联系,并及时争取指导和帮助。总之,总部迁址武汉后的"湖北工建总承包集团"充分利用省会大城市武汉的各种有利资源,开始了更加宏大的创业历程。

总部迁址武汉后,"湖北工建总承包集团"也一直处于改革以及发展之中。综观整个"湖北工建"的改革历程,可谓道路坎坷,命途多舛。自20世纪90年代中期以来,"湖北工建"及其所辖各单位为了盘活企业、摆脱困境进行了诸多努力,但陈旧的发展模式造成的企业负担过重、管理机制不灵活、市场竞争弱化消退等种种弊病仍然使得企业的改革举步维艰。在这一时期,尽管"湖北工建"的某些浅层次的问题在一定程度上得到解决,但其国有企业的传统体制模式并没有从根本上被改变,而产权关系不清、投资主体虚化导致的对国有资产保值增值的监管失衡和对经营管理层业绩考核制约职责不到位、大锅饭的劳动用工制度和分配制度等,都造成了企业在20世纪90年代逐渐僵化。此外,"湖北工建"的深层次改革严重滞后,而其下辖绝大多数单位的管理体制、经营方式、人才结构等已经不能适应日趋激烈的市场经济发展的需要,并且不具备竞争力。在几乎以前同等的利润条件下,"湖北工建"的社会包袱重,大量利润的分流渠道多,同时"湖北工建"还缺乏经营发展必备的流动资金,以致几乎无力支撑企业的正常经营生产。显然,这一切都严重制约了企业的健康发展[①]。

改革开放以来,我国市场发展逐渐成熟。面对日趋规范的市场准入机制和激烈的市场竞争机制,"湖北工建总承包集团"将总部迁至武汉无疑是一个顺应时势的明智之举,尤其是市场的开拓使"湖北工建总承包集团"迎来发展的曙光。但可惜的是,当时"湖北工建总承包集团"的市场竞争综合能力并不具备优势。有道是"打铁还需自身硬",只有"湖北工建总承包集团"本身做大、做强才是根本的生存之道。对于当时的"湖北工建总承包集团"而言,摆脱困境的唯一途径就是坚定不移地推进改革,按照产权清晰、权责明确、政企分开、管理科学的总要求,进行改革攻坚,并深化改革程度,建立科学的现代企业制度,完善严格的管理机制、监督机制和激励机制。当时的"湖北工建总承包集团"可以说是深谙其理,而之后的2006年就是"湖北工建总承包集团"改革的关键之年。当年5月29日,"湖北工建总承包集团"在武汉召开改革与重组工作会议,标志着"湖北工建总承包集团"彻底的整体改制工作正式开始。

---

① 尚伏雨. 国有企业存在的问题与改革的必要性 [J]. 北方经贸, 2000 (1): 19-20.

大体而言，当时的"湖北工建总承包集团"按照"重组一块、民营一块、解散一块"①的原则和思路进行彻底的整体改制。首先，对部分具有优势的企业进行了资产重组，即将集团公司、安装公司、机械化施工公司、物资公司、监理公司等资产质量较好的企业进行了资产重组，并在年底组建了母公司——"湖北省工业建筑集团有限公司"（以下简称"湖北工建集团"，惯称"湖北工建"）。其次，对部分企业进行承债式民营化改造，即将天华公司、土木公司、工程机械厂等3家具有一定生存能力的企业进行民营化改造。最后，对一家曾经被党中央、国务院授予了"全国学大庆先进企业"荣誉称号，并且培养出全国党代表李凤荣、秦秀兰，全国人大代表、全国劳动模范操三咏的一公司进行了认真的评估，在核查其确实资不抵债、没有生存能力后，妥善安置了其所属职工，被迫进行了清产注销。在资产重组的过程中，职工安置本就是改制工作的重点和难点。对此，"湖北工建集团"也是想尽了办法：除了自己筹措资金，还根据有关文件精神，采取开发或出售变现闲置土地等方法获得收入，最终将这些资金用于安置职工。至此，企业算是基本完成集团改制和职工安置工作。改制后的"湖北工建集团"很快就展露出新气象，比如在2009年初被评为"2008年度湖北省建筑企业综合实力20强"。

　　2009年10月，根据有关规定和上级要求，湖北省人民政府向"湖北工建集团"派驻监事会，并于12月成立"湖北工建集团"第一届董事会，聘任了经理层领导班子。按照"双向进入、交叉任职"的原则和模式，董事会、党委会和经理班子成员交叉任职，从而基本构建起出资人、董事会、监事会和经理层"各负其责、协调运转、有效制衡"的法人治理结构②。新成立的"湖北工建集团"突出加强集团公司治理，在以加强董事会建设为核心的基础上，不断优化董事会结构，完善决策体制机制，坚持做到决策与执行分开。2010年底，"湖北工建集团"就上榜"2010年湖北企业100强名单"，而这是"湖北工建集团"首次荣登湖北省企业百强榜，从而充分地展示了"湖北工建总承包集团"以及后来的"湖北工建集团"的改革成效。早在2009年底，"湖北工建集团"就召开了首届董事会会议，这标志着"湖北工建"长期以来的建设现代企业制度、完善法人治理结构进入了新阶段，尤其是当时"湖北工建集团"的领导体制已开始转向董事会决策、经理层执行、监事会监督的公司法人治理结构。可以说，

---

① 柯善北，黎洪水，邹斌，等．湖北工建：耕云播雨谱新歌[J]．中华建设，2013(1)：74-77．

② 柯善北，黎洪水，邹斌，等．湖北工建：耕云播雨谱新歌[J]．中华建设，2013(1)：74-77．

这是"湖北工建"改革、发展史上的一个重要里程碑。自此以后，每年的例行董事会和临时董事会都重点审议集团发展战略、投资和风控，既指引企业调结构、转方式，延伸产业链，又加强资产管理和人才队伍建设，从而逐渐取得较好的效果。

自改制以来，"湖北工建集团"的发展可谓蒸蒸日上。2016年10月24日，经国家住房和城乡建设部核准，"湖北工建集团"成功取得建筑工程施工总承包特级资质、建筑工程设计行业甲级资质。其中，建筑工程施工总承包特级资质是我国建筑企业的最高资质，因此成为企业彰显综合实力和信誉的"金字招牌"。可以说，正是这一特级资质的加持，"湖北工建集团"得以开拓高端市场，特别是承建200米以上超高层建筑从此有了强有力的支撑，从而为"湖北工建集团"提升实力、走向世界提供了保障。事实上，"湖北工建集团"已具备"双特三甲"资质。"双特"指的是建筑工程施工总承包特级以及市政公用工程施工总承包特级，而"三甲"则是指建筑工程设计行业甲级以及市政公用工程设计行业甲级、勘察设计综合甲级。此外，"湖北工建集团"还曾获得过机电安装工程施工、地基与基础专业承包、钢结构工程专业承包、装修装饰工程专业承包、环保工程专业承包等一级资质。

2016年是国家"十三五"规划的开局之年，也是"湖北工建集团"深化改革、转型发展的重要一年。企业确立了"十三五"规划的发展目标，即"传承102红色基因，激情再创业，锻造建筑铁军"，并且为每年都设定一个愿景规划（2016年为基础培育年、2017年为能力建设年、2018年为效益提升年、2019年为实力壮大年、2020年为品牌完善年），提出做强基础、提升资质、壮大实力的发展要求，力争在"十三五"规划末，注册资本增加30亿人民币，净资产增加到100亿人民币，并依托已有成熟市场、项目，通过全面进入基础设施建设市场，进军装配式建筑、PPP项目等领域，力争年产值达到500亿元。

"湖北工建集团"的总部虽早在2002年就已由襄樊迁至武汉，但一直蜗居于原安装公司武汉分公司的办公楼。直到2017年3月29日，"湖北工建集团"总部才搬入位于花山的武汉软件新城的新办公楼。新办公楼最多可容纳500人同时办公，不仅设备齐全、功能强大，还有利于企业在新时期树立良好的企业形象，从而提升"湖北工建集团"的品牌口碑。2017年4月13日，"湖北工建集团"的第一个工业园——湖北工建科技产业园在武汉市经济技术开发区正式开工。这既是夯实企业机械制造产业板块的一件大事，又是企业下辖时代汽车公司主业实体化、电梯厂战略转移的一件大事，从而对企业开拓业务领域具有重要的意义。

2018年1月18日,在全国上下深入贯彻落实党的十九大精神的重要时间节点,中国共产党"湖北工建集团"第一次代表大会在武汉胜利召开。这是企业自2006年改制重组以来举行的第一次党代会,也是企业深入实施"十三五"发展战略、迈向发展新征程的重要一步。本次会议既回顾了这10余年来企业的发展历程,又为企业未来的发展提出了目标和任务,激励企业各级党组织和广大党员、群众重心下沉、务实笃行、攻坚进取,重振"102"雄风,把企业打造成具有全面竞争力的集成化、国际化、专业化、信息化的现代建筑企业,并不断为之奋斗。同年,"湖北工建集团"还在第二届全国建筑文化示范企业和示范项目评选中,荣获"全国建筑业文化建设示范企业"称号。可以说,获得这一奖项意味着建筑行业对"湖北工建集团"企业文化的认可。"湖北工建集团"历史底蕴非常深厚,企业文化也独具特色。尤其是自2016年以来,企业党委着力总结、提炼企业文化,发出"传承102红色基因,激情再创业,锻造建筑铁军"的号召。在企业党委的领导下,主责部门牵头,通过一线调研、员工座谈、先进模范人物访谈等方式,总结、提炼出了攻坚文化的理念体系,包括企业使命、企业愿景、企业价值观、企业精神、企业作风、创业号令、"五种精神""六种意识"[①]。这些内容有机地组成了新一代"湖北工建集团"的企业文化,并激励着一代又一代"湖北工建"人在困境中勇攀高峰,在工程中精益求精。"工建"与"攻坚"的不解之缘,就是"湖北工建集团"屹立于社会发展大潮中的强大精神武器。

总之,在不断深化改革的推动下,"湖北工建集团"的发展也在不断推进。

(一)拓宽市场

一个企业的发展,说到底就是看其能占有多大的市场空间。几年来,"湖北工建集团"通过调结构、转方式,在做大、做强建筑安装主业的基础上,及时拓宽发展思路,转变发展方式,科学合理地设置和组建子公司,逐步实现了产业链的横向拓展和纵向延伸。这不仅提升了企业的综合竞争力,还增加了新的利润增长点,增强了抗风险能力,从而基本搭建起了一个集勘察设计、开发施工、综合配套于一身的建筑产业集团的构架。在2006年改制前,"湖北工建"把主要精力和时间都投向了具体工程项目的经营管理上,而母公司对各子公司以及其他成员企业的宏观调控、战略引领作用未能得到充分发挥。鉴于此,"湖北工建集团"审时度势,在2010年底组建了工程总承包公司和国际工程公司,

---

① 向延昆,卢君晨.湖北工建:深度融入企业"价值链"重塑102红色基因"荣光"[J].建筑,2019(10):63-65.

实行"授权经营、单独核算、目标管理、业绩考核"的公司化运营管理模式。不难看出,这有利于进一步提升项目管理水平,并加强公司海外业务承揽能力,从而促进整个企业做大、做强。

此时的"湖北工建集团",一方面,依靠积极发展房地产业,优化集团公司主业结构。2008年和2010年,"湖北工建集团"通过出资先后成立了湖北工建房地产有限公司和十堰亿成置业有限公司,使企业在襄樊、十堰地区的职工住房建设、棚户区改造和商品房开发等都有了实施主体。企业房地产项目推进顺利,而在经过湖北省人民政府国有资产监督管理委员会批准后,房地产业已经成为"湖北工建集团"的三大主业之一。另一方面,"湖北工建集团"依靠积极开拓商品混凝土市场,提高企业配套服务能力。2011年,"湖北工建集团"利用援建四川汉源项目的混凝土搅拌与运输设备,注册成立了湖北工建商品混凝土有限公司。这不仅既盘活了闲置资产,而且还实现了投产和盈利,令人欢欣鼓舞。此外,"湖北工建集团"还依靠扩大特种电梯生产业务,培育企业专业化生产能力。2010年,"湖北工建集团"将原来的电梯厂从机械化施工公司中分离出来,并进一步加大资金投入,加强专业化管理水平,积极扩大生产规模,推进产业配套服务,从而将其打造成新的经济增长点和产品亮点。同时,"湖北工建集团"还筹划建筑产业园建设,打造工业化生产基地。随着企业的发展,"湖北工建集团"项目承包已从以前单一的施工承包发展到BT、EPC等总承包模式,产生了质的飞跃。事实证明,工程总承包公司的组建对于"湖北工建集团"整合现有资源、直接对接市场非常有利,而且还有利于"湖北工建集团"加大经营工作力度,提升项目管理水平。

除了工程总承包公司,新成立的国际工程公司也为"湖北工建集团"的发展壮大作出了重大的贡献。顾名思义,国际工程公司主要针对的是国外市场。事实上,正是国际工程公司使"湖北工建集团"得以进一步拓展国际市场,从而能够更加有效地管理海外工程项目,促使国际工程承包业务更加规范,进而推动整个"湖北工建集团"快速发展。其中,尤为值得一提的是"湖北工建集团"对"一带一路"倡议的参与,就与国际工程公司的努力密不可分。

2013年9月,习近平总书记在哈萨克斯坦纳扎尔巴耶夫大学演讲,提出共同建设丝绸之路经济带的"一带"构想。一个月后,习近平总书记访问东盟,并提出共同建设21世纪海上丝绸之路的"一路"构想。这两个构想后来就被称为"一带一路"倡议,并成为中国今后对外开放的总纲领。对于企业而言,"一带一路"倡议无疑带来了广阔的国际市场空间。具体到"湖北工建",历来都以

"走出去"①为企业的重大发展战略之一,并且自20世纪80年代起就赴利比亚、埃及、伊拉克、科威特等国承接任务,所以当"一带一路"构想诞生后,"湖北工建集团"第一时间就积极参与其中。"湖北工建集团"大力拓展公司海外业务,跨越山海,向全世界播撒"湖北工建"的建筑铁军精神,以至于企业海外业务开拓力度达到了历史新高。从中亚的乌兹别克斯坦、哈萨克斯坦,到南亚的尼泊尔,再到东南亚的印度尼西亚、柬埔寨、泰国,从中东的伊拉克、利比亚,到欧洲的土耳其、俄罗斯、白俄罗斯,再到南美洲的秘鲁,"湖北工建"的足迹遍及全世界。目前,"湖北工建集团"下辖国际工程公司、国际经济技术合作公司、国际融资租赁公司和多家海外分公司,其工程项目遍及20多个国家和地区。一批批"湖北工建"的精品工程拔地而起,其中伊拉克华士德4×300 MW燃油(气)机组电厂、越南升龙火电厂、孟加拉国吉大港水务局地下管网等海外项目获业主好评,多项海外工程获奖。

改制重组以来,"湖北工建集团"先后组建了印尼分公司、越南分公司、孟加拉国分公司、喀麦隆分公司、蒙古分公司、沙特分公司、土耳其分公司等。2018年以来,"湖北工建集团"充分发挥旗下国际经济技术合作公司、国际融资租赁公司、国际工程公司的优势,依托澳门大学和缅甸曼德勒缪达工业园项目,设立了澳门、缅甸两家分公司,同时,筹备组建新加坡分公司总部,拟对海外各分公司和项目进行统筹管理。并且,"湖北工建集团"通过注册地为湖北省自贸区的国际经济技术合作公司、国际融资租赁公司,建立完善国内外投融资渠道,还以国际工程公司为载体,实现在新加坡、土耳其、科威特、印尼等地项目滚动承接,深耕海外市场。"湖北工建集团"还将与中国电力投资集团公司及土耳其本地公司共同筹建光伏发电海外投资公司,并由"湖北工建集团"土耳其分公司进行管理和后续运营。显然,这也是"湖北工建集团"拓展业务领域的重要布局。

在"一带一路"的工程建设上,"湖北工建"人秉持初心,以务实、严谨、创新的态度对待每一项工程,提升企业口碑,营造良好的大国工匠形象,并借此带动及提升自身的海外工程承包能力、国际贸易水平和离岸金融能力。如今经济全球化程度更高、范围更广,而在"一带一路"倡议的大背景下,海外市场的开拓是实现"湖北工建集团"高质量发展、转型升级的必由之路。"湖北工建集团"将科学布局,整合内部优势资源,优化结构,在人才、资金、信息等方面给予激励和支持,提升各方面能力,打造优质品牌。在目前较为成熟的印

---

① 向延昆,朱国强,卢君晨.传承"102"红色基因 建世界精品工程——湖北工建:打造全省参与"一带一路"建设的领先企业[N].湖北日报,2018-10-19(23).

尼、越南、土耳其市场上继续深耕深挖，并拓展项目承接领域，同时在新兴国家市场站稳脚跟，通过创优铸精在国际舞台上擦亮"湖北工建"的品牌，并紧跟"一带一路"倡议的步伐，凭借资质申特成功的春风，加强国际合作，抢占海外市场。

凭着每个人的拼劲、闯劲和韧劲，"湖北工建集团"在"一带一路"沿线国家树立了品牌，经营范围包括公共与民用建筑、电厂、水泥厂、市政道路、铁路等多个领域，成为企业"走出去"的靓丽名片。历史已经证明，只有改革才能天地宽。但是，改革必然是一个持续不断的过程。企业经营困难，要靠改革走出困境，需要不断地拓展市场空间，寻求新的经济增长点和突破口。只有经历过市场经济的锤炼，"湖北工建集团"的工业建筑特色才更加突出，而其品牌效应也才日渐凸显。

（二）着力升级

近年来，"湖北工建集团"的融资能力和偿债能力大幅提高，实力和规模不断壮大。但是，"湖北工建"人也清醒地认识到不足：传统建筑业生产粗放、产业集中度低等问题依然存在，企业迫切需要加快转型升级。事实上，当下我国经济已由高速增长阶段转向高质量发展阶段，正处在转变发展方式、优化经济结构、转换增长动力的攻关期，所以必须推动供给侧结构性改革，加快传统产业改造升级，加快发展新兴产业，增强经济发展新动能。值此之际，"湖北工建集团"也必须深化企业改革，探索转型升级发展之路，积极推进向"三商合一"转型，即由单一的施工建造商向建筑全产业链供应商、项目全价值链投资商、工程总承包服务商转型。

从2016年开始，"湖北工建集团"就着力打造房屋建筑、基础设施、机电安装、投资金融、海外业务、建筑科技六大业务板块。目前，六大业务板块均取得积极进展，企业长远发展格局已经奠定并不断得到巩固。一是房屋建筑业务国内外领先。纵观国内，只有"湖北工建集团"以"工业建筑"作为公司名称，而近几年来，"湖北工建集团"在国内外承接电厂项目超百项，已成为国内参建电厂项目最多的企业之一。同时，企业拥有建筑工程施工总承包特级资质、建筑工程设计行业甲级资质、勘察设计综合甲级资质等行业全覆盖的资质，而其工程承包方式也从施工总承包提升为工程总承包。二是基础设施业务快速发展。在这个方面，"湖北工建集团"通过自身多年的努力，已拥有市政公用工程施工总承包特级资质、市政公用工程设计行业甲级资质以及公路工程施工总承包、港口与航道工程施工总承包等一级资质。三是机电安装业务居省内前列。近几年，"湖北工建集团"承建的电厂工程超过百项，跻身国内电厂工程建设第一方阵。四是投资金融业务新兴崛起。"湖北工建集团"下辖投资公司、PPP中心、房地产公司、国际经济技术合作公司、国际融资租赁公司、楚泰设备租赁公司等,将在新城新区、产业园区等方面加大投资开发力度。五是海外业务拓展达历史新高。"湖北工建集团"的工程项目已遍及20多个国家和地区,且其中多项海外工程获得国家优质工程金奖。六是建筑科技业务提供保障。在建筑工业化、装配式建筑、地下综合管廊、海绵城市、BIM技术、智能建筑、物联网、大数据技术、VR/AR等前沿领域,"湖北工建集团"翱翔深耕[①]。

在拓展业务板块的同时,"湖北工建集团"还致力于构筑全产业链。2017年11月,"湖北工建集团"安装公司拿下了长飞自主预制棒及光纤产业化项目VAD扩产项目机电安装工程项目。生产光纤的厂房对环境要求非常高,比如必须保持温度恒定、湿度恒定、空气洁净等。"湖北工建集团"能拿下这个项目,就意味其已经具备了建设电子信息、半导体、光电子、精密制造、医药卫生、生物工程、航天航空、汽车喷涂等众多行业净化厂房的能力。事实上,"湖北工建集团"拥有20多家二级单位,涉及建筑设计、勘察设计、建筑科技、智能建造、装配式建筑、基础设施、港口航道、机电安装、装饰装修、机械制造、钢构商混、环境治理、工程咨询、军民融合、投资融资、开发运营、国际贸易等业务领域,同时具备"双特三甲"资质。因此,企业具有了行业全覆盖、全产业链的工程总承包管理能力,可为客户提供全覆盖、全产业链、全生命周期的综合服务。建筑行业的所谓全产业链,就是发挥建筑企业里从设计、投资、建造、咨询到运营维护的全产业链综合优势,提供包括运营前期项目规划及项目融资、中期总承包工程服务、后期维护和管理等全产业链一站式服务。这种模式相对于施工总承包有其独特的优势,如有利于厘清工程建设中各主体之间的各种复杂关系,有利于优化资源配置,有利于控制工程造价,有利于提高履约能力,有利于推动管理现代化等。

"湖北工建集团"地产公司在2017年重组后,开发的第一个项目——"工建·博智广场"地产项目就是一个全产业链发挥成效的案例。这是一个包含11栋商品房住宅楼、辅助配套商铺和车库的小区,但其从融资到销售,完完全全都是由"湖北工建集团"全程把控。位于当阳市的"湖北工建关公文化小镇"项目则更为庞大,所展现的产业链也更全面。这是一个以关公文化为核心,集文化旅游、民俗体验、特色餐饮、休闲娱乐、购物住宿和文化交流于一体的文化旅游综合体项目,体量巨大。但这么一个规模庞大、包罗万象的"地产+文

---

① 佚名.传承红色基因 崛起建筑铁军——湖北工业建筑集团转型升级观察[N].湖北日报,2018-1-24(20).

旅"项目,从前期项目的设计和融资,到中期项目的开发和建设,到后期项目的销售和运营,全都是"湖北工建集团"一手操持。"湖北工建集团"某公司负责人曾说:"通过打通全产业链,企业的利润率也大幅提升。传统的建造利润率只有2%左右,打通全产业链后,综合利润率可以超过5%。"其实,利润率的提升就是全产业链的优势之一,但"湖北工建集团"构筑全产业链所产生的优势显然并不仅限于此。

除了拓展业务板块、构筑全产业链,"湖北工建集团"还调整定位,主动向"三商合一"转型。当阳市的"湖北工建关公文化小镇"项目,可以说就是"湖北工建集团"推动"三商合一"转型的样板工程。"湖北工建集团"向"三商合一"转型升级,是企业从"造楼"向"建城"转变的重要标志,从而奠定了企业高质量发展的方向和格局[①]。

近20年来,"湖北工建集团"通过拓展业务范围,打造建筑行业全产业链,探索出一条"三商合一"的发展之路。企业正在由松散型的管理型公司,向集中统一、运转高效、资源共享、开放合作、文化自信的综合型企业集团转变。企业的影响力也正在从企业综合实力、市场竞争能力、社会影响力、品牌认可度等多个维度进行提升。

(三)坚持创新

众所周知,创新是一个民族进步不竭的动力。抓创新就是抓发展,谋创新就是谋未来。党的十八届五中全会提出"五大发展理念",而排在首位的就是"创新发展"。如果说传统的发展是做加法,那么创新发展就是做乘法,因为创新发展注重的是解决发展动力问题。

2018年5月,湖北省出台了《中共湖北省委关于学习贯彻习近平总书记视察湖北重要讲话精神奋力谱写新时代湖北高质量发展新篇章的决定》,明确提出加快创新强省建设,特别强调了加快发展是第一要务、激发创新是第一动力、广聚人才是第一资源,要求进一步推动科技创新和经济社会发展的深度融合,进一步塑造更多依靠创新驱动、更多发挥先发优势的引领型发展。

当前,建筑产业化、住宅装配化、建筑精品化成为建筑业发展的趋势,而这对新材料、新技术、新工艺提出了更高要求,必将带来建筑业新一轮深刻变革。显然,谁先赶上这一趋势,谁就能在未来的竞争中取得先机。但是,目前"湖北工建"的"三商合一"实力还处于发展初期,还未形成完整体系、高效标

---

① 向延昆.湖北工建打造建筑行业"全产业链"——"三商合一"助建筑国企"再出发"[N].湖北日报,2019-6-14(16).

准和综合能力。换一句话说,"湖北工建"前进的方向已经明确,发展的格局已经奠定,其在当下和未来的关键,就是坚持创新发展,进一步把企业做实、做专、做强、做优、做大。为此,"湖北工建集团"重点在以下六个方面寻求突破。

第一,注重资源重组促进创新发展。为此,"湖北工建集团"盘活时代汽车资产,建设运营湖北工建科技产业园。近几年,"湖北工建集团"高度重视科技板块的发展,认为科技化、智能化、集成化是建筑行业的发展方向,而企业成立科技板块是大势所趋,也是企业发展战略的重要组成部分,从而成为企业未来转型升级的重要引擎。

由湖北汽车集团公司派生而来的湖北时代汽车有限公司成立于2005年7月,后于2013年划归"湖北工建集团"。由于企业重组和产业结构调整等原因,湖北时代汽车有限公司所持有的武汉经济技术开发区30MC地块长期闲置,但是周边东风公司、伊利、海尔等企业的产业园已经拔地而起。2016年,"湖北工建集团"决定迅速盘活时代汽车资产,于是湖北工建科技产业园破土动工。产业园势必需要产业的支撑,而"湖北工建集团"下辖湖北电梯厂的业务便成了不二之选。随着市场竞争的日趋激烈,湖北电梯厂由于受到来自硬件设施、技术水平、人员素质等方面的制约,早已无法跟上竞争激烈的电梯市场需求多元化发展的步伐,面临被市场淘汰的风险。特别是国家质量监督检验检疫总局发出的《关于加强电梯制造安装改造维修许可和型式试验工作的通知》,要求电梯制造单位应当在其制造场地拥有且自有相应高度的电梯试验井道,无异于给湖北电梯厂下了最后通牒。面对这个重大节点,"湖北工建集团"果断决策,将生产基地位于襄阳的湖北电梯厂整体迁入湖北工建科技产业园,并建设了50米高的电梯试验塔。由此,湖北电梯厂发展态势日趋向好,其拳头产品"金顶"矿用电梯在国内市场占有率已达90%以上,并出口俄罗斯、赞比亚等国家。

此后,湖北工建科技产业园又面向市场招商,逐步引进高端制造项目配套,于是一个定位为互联网+智能园区,致力于打造区域创新的示范区、科技发展的先导区、先进产业的集聚区的湖北工建科技产业园正在形成。2018年11月19日,湖北工建科技产业园在武汉市经济技术开发区揭牌,这标志着"湖北工建集团"六大板块之一的建筑科技板块驶入发展快车道。

第二,注重科技创新带动创新发展。为此,"湖北工建集团"制定"科技引领、创新发展,整合资源、借力发展,服务集团、稳健发展"的24字方针,组建科技公司。在"湖北工建集团"总部七楼的生产指挥中心,数十块大屏幕滚动播放着各地工建项目的实时画面,而这是科技公司为企业实现项目集中管控,推动高质量发展所做工作的具体体现。

作为一支新鲜力量，科技公司的做大、做强以及科技板块助力企业高质量发展，都坚定不移地按照企业党委制定的24字方针执行。在这个过程中，科技公司与武汉派富知识产权运营有限公司围绕建筑工业化、装配式建筑、绿色节能材料、BIM技术、智能建筑、专利技术布局、科技平台申报等领域展开合作。与此同时，科技公司还在协助企业做好建筑科技板块产业长期布局的基础上，瞄准建筑科技行业的前端技术，逐步与湖北正茂新材料科技股份有限公司、湖北格林森绿色环保材料股份有限公司、湖北天弓智能设备有限公司等单位签署战略合作协议，围绕新型环保建筑材料，装配式建筑混凝土预制构件，"厕所革命"，智能立体停车库的市场开发，门窗和玻璃幕墙的生产、制作、安装业务等方面开展合作。显然，这既进一步延伸了"湖北工建集团"的产业链，又有力地提高了"湖北工建集团"的市场竞争力。

第三，注重技术攻关推动创新发展。为此，"湖北工建集团"成立创新工作室，瞄准市场需求，科学选定项目，进行重点技术攻关。2017年成立的创新工作室致力于进一步提升企业的科研品质，而其所有攻关项目中最重要的一个研发项目则是"中、小型变压器安装就位器"。创新工作室根据变压器的规格和使用环境及时调整就位器的大小，不仅实用性强，安全可靠，而且能有效提高生产效率，大幅度提升变压器的保护度，从根本上解决了在电厂、生产车间等施工环境中，室内变压器的安装量采用液压小车运输法、钢管滚筒移动法极易发生翻倒、压脚、碰撞等安全事故的问题。创新工作室自成立以来，先后荣获省级工法3项、企业级工法10项，获得实用新型专利5项，获QC成果奖7项，其研发成果均已在工程项目中推广应用。目前，"湖北工建集团"科技板块工作正处于从量的积累转向质的飞跃、点的突破、能力提升的重要时期。创新工作室的科技工作者必将不辱使命，积极主动提供高质量科技供给，为企业转型升级、实现高质量发展提供动力。

第四，注重降本增效加快创新发展。为此，"湖北工建集团"通过科学的管理、策划，用最优的生产架构进行目标管理。降本增效不单单是减少工程设备、人员这么简单，其核心要义在于提升企业综合能力，尤其是优化企业行政结构、管理制度，优化职能机构、工作流程，运用最直接、便捷、高效的管理模式，提升工作效率。用一句简单的话来概括就是，通过科学的管理、策划，用最优的生产架构进行目标管理。"湖北工建集团"通过出台《湖北工建集团结构调整、转型升级、股权多元化改革实施意见》，打造出全新综合管理系统、财务管理系统和人力资源管理系统，以精细化促进信息化，以信息化完善精细化。科技公司在这方面作出了突出贡献：一是用一年时间完成了集团OA平台中人力资源板块的搭建，为企业人资管理提供了规范、高效的工具；二是将经营管理手册和生产中心管理手册中的流程写入办公平台，理顺了各层级相关职能；三是开发增加了表单水印和正文加密等功能，提高了企业数据文件的安全性和保密性；四是在办公平台中植入了帆远报表，对财务应收款形成每月的数据报表，给企业决策层提供了数据分析和决策支撑。

第五，注重人才培养持续创新发展。为此，"湖北工建集团"采取"五个一批"的模式。现代企业的竞争就是人才的竞争，而"湖北工建集团"根据企业发展需要，制定了《人才资源战略规划》《人员招聘管理暂行规定》和《集团公司职能部门绩效考核办法》等文件，组织实施"百舸工程""千帆计划"活动，采取内部择优使用一批，市场优选招聘一批，从市场经营、项目攻坚等急难险任务中挖掘一批，从党政机关和其他国有企业业引进一批，通过培养后备干部储备一批等"五个一批"模式，不断拓宽选人用人视野，为企业发展注入了强大新生力量。

"湖北工建集团"的创新工作室注重人才培养，并重点关注人才梯队的建设，以求持续壮大和完善人才队伍。其根据团队内部分工不同，将人才培养计划分为项目负责人、核心成员和其他成员三个层次。因为项目负责人要全面负责整个团队的工作，所以培养的重点是做好管理协调、人才培养和团队建设工作。项目核心成员则是整个团队的中坚力量和各个专业方向的核心人才，所以培养项目核心人员时不仅要不断提高其自身专业研发水平和科研项目管理水平，尤其要培养他们带领专业研究小组完成创新项目研发工作的能力，而且还要培养他们具备对专业小组中的其他人员进行"传、帮、带"工作的能力，做好团队内部三级人才后两级的自我发展工作。对于项目其他成员的培养，主要依托项目负责人和项目核心成员的指导，通过各种方式和途径，不断提高其自身研发水平和综合素质，养成扎实、严谨的工作作风，尽快成长为核心成员。目前，"湖北工建集团"已经形成人人渴望成才、人人努力成才、人人皆可成才、人人尽展其才的良好局面，而且各类人才的创造活力竞相迸发、聪明才智充分涌流。

第六，注重打造精品诠释创新发展。为此，"湖北工建集团"重点打造了十堰国际金融中心项目和东湖宾馆改造工程项目，实现了工艺上的突破与创新，为今后更高端项目施工做好了技术储备。2017年底正式开业的十堰国际金融中心已经成为十堰乃至鄂西北最夺目的地标性建筑之一。这一标杆项目有与之相匹配的高质量、高水准，尤其是在新技术、新工艺、新设备的应用推广上不遗余力，很多技术都是首次在十堰建筑业使用。2018年2月22日动工的东湖宾馆改造工程项目，时间紧、任务重，为此"湖北工建集团"采取了多专业、多队伍连续施工的方法。但是，由此也出现了施工方法与施工工艺之间的矛盾问题，特别是外墙漆施工基层未充分干燥会严重影响面漆的质量和成品的观感效果。

另外，施工期间连续的阴雨天气也给施工增加了新的难度与考验。面对这些棘手问题，项目团队召开"诸葛亮会"集思广益，最终采用了多点面热吹风机对墙体基层做干燥处理，重点对容易出现质量缺陷的部位进行精细化处理，从而确保了工程保质保量地如期完成。在园林景观提升施工中，按照有关要求园林步道必须达到曲径通幽、协调美观的效果。道路砖头的铺设不仅要求施工人员手法好，还要求施工人员有一定的图案设计能力，这对施工者的专业能力提出了严苛的要求。项目团队历经多方请教后，在组织和加工过程中对工艺标准不断摸索和把握，最终实现了工艺上的突破与创新。另外，这一工程还有一项特殊性，即东湖宾馆梅岭是毛泽东住过的故地，也是全国重点文物保护单位，所以施工作业时必须格外细心。本着对历史高度负责的态度，项目团队在施工中遵守"先防护、后施工"的原则，自觉保护现场文物。施工前，项目团队千方百计地对每个文物都进行了妥善安置和精心保护；施工结束后，项目团队又谨小慎微地把室内陈设物回归原位，确保了历史风貌得到保护。

第二节　效益责任宜兼顾

　　国有企业是我们党和国家事业发展的坚强基础，而"湖北工建集团"也是如此。在70余年的发展历程中，"湖北工建集团"追随着中华人民共和国的发展步伐，时刻牢记使命，在争创经济效益的同时，始终不忘社会责任，坚持以人民为中心，积极服务国家和地方经济、社会建设事业，励精图治、奋发有为，全面融入国家和湖北省重大战略，并因此成为我国地方建设、国有企业改革的"弄潮儿"而不断彰显着国有企业的担当。"湖北工建"的企业发展史，就是一部为不断满足人民日益增长的物质文化需要、美好生活需要而努力奋斗的历史，也是一部不断解决落后生产、不平衡不充分发展的历史。对党忠诚、为国奉献是"湖北工建"一贯的情怀，并已深深地镌刻在企业的基因之中。当下的"湖北工建集团"积极承建民生保障工程，承建重大战略工程，更在抢险救援、灾后重建、抗击疫情中冲锋在前。"湖北工建集团"总是在国家需要的时候挺身而出，贡献自己的绵薄之力，用实际行动彰显对党忠诚、为国奉献的精神。"湖北工建集团"还资助贫困学子，助力教育事业，参加对口支援扶贫，振兴农村发展，在实现中华民族伟大复兴的进程中传承了对党忠诚、为国奉献的精神。可以说，"湖北工建集团"紧跟国家的发展步伐，是实现中国梦的铸造者之一。

一、精工铸精品

企业的经济效益与其产品的品质密不可分，而"湖北工建集团"就是以其精雕细琢、倾注匠心的精致产品——优秀的建筑工程创造了巨大的经济效益。

（一）方寸显匠心

2017年11月10日，"湖北工建集团"承建的湖北能源调度大楼项目荣获"2016—2017年度国家优质工程奖"，而这是"湖北工建集团"作为主申报单位首次获得该项国家级荣誉。湖北能源调度大楼项目自2012年2月19日开工建设，历时三年多的紧张施工，于2015年12月8日竣工使用。这是一座集电力生产调度、办公为一体的超高层（地上39层、地下3层）综合性科技办公楼。湖北能源调度大楼线条简洁明快，设计理念实用环保，在有限的基地上解决了复杂交通组织、功能设置和周边建筑日照要求等问题。而且，其外立面采用花岗岩、玻璃、单层铝板幕墙，幕墙自首层至屋顶全部以竖向线条为主，凸显大楼的现代感和科技感。可以说，整个湖北能源调度大楼沉稳大方、挺拔有力。

湖北能源调度大楼项目的坑基四处受限，牵一发而动全身，但"湖北工建集团"不但顺利地完成了项目，还取得了优异的成绩。由此，不得不令人感叹"方寸之地尽显匠心"。要知道，这一能源大楼项目地处武汉闹市，虽然工程占地面积9353.6平方米，坑基面积达到8877平方米，但坑基边至围墙仅2米左右的距离，且地下室结构施工基本无场地。此外，坑基南侧3米外为武汉市最繁华的内环线之一徐东大街段，西侧11米是华中电力金融大厦，北侧7米则是人口密集的沙湖小区住宅楼，而且紧邻施工围墙还有多种高危管线通过。在这方寸之地，如何完成"湖北工建集团"史上承建的第一高楼是一个重大的挑战。为此，"湖北工建集团"国际公司迅速组建项目部，根据现场条件，制定切实可行的作业方案，并提出了具体的工程目标质量——确保一次交验合格率100%，获湖北省建筑优质工程（楚天杯），争创"国优"奖。

在湖北能源调度大楼项目中，"湖北工建集团"共推广和应用新技术9大项、20个子项，不仅增加了工程的科技含量，解决了部分工程难点，还取得了重大的经济效益，科技进步效益率2.6%，且科技应用水平达到了国内先进水平。在施工过程中，项目部针对技术攻关，先后成立了以竖向划分所形成的结构外凸柱质量控制、超高层建筑垂直度控制、超高层建筑全钢集成式升降脚手架的应用为课题的QC小组，运用科技力量，针对技术进行创新和改进活动，把每一项技术打磨至尽善尽美。

大楼施工的一大难点是安装专业多，管线综合布置，各专业、各工序协调难度大。由于大楼44000平方米的幕墙由玻璃、花岗岩、单层铝板三种不同的材料构成，并采用单元式玻璃幕墙、单元铝单板幕墙、构件式玻璃幕墙、构件式铝板幕墙、背栓式干挂石材幕墙、吊挂式全玻璃幕墙等构造做法相结合的施工工艺，下料精度要求高，安装难度极大。从材料制备上，项目组从严抓起，要求厂家完全按图纸进行加工制作，严格控制材料误差。此外，所有材料只有经过严格的测量才能送到工地，而材料到工地后又会经过二次检查合格才会用到工程上。经过层层工序精确计算和严格地执行生产加工、安装，整个大楼幕墙完工后未出现偏移数值超标问题，且经过淋水试验和两年的使用不渗不漏，质量良好。

2017年7月26日，在国家优质工程专家组现场复查会上，专家组对湖北能源调度大楼项目工程质量给予了高度的评价，认为该工程各项指标均符合标准，亮点突出，社会经济效益比较理想。

（二）激流勇前行

"湖北工建集团"虽历经70来年风雨，却依旧传承着攻坚克难、务实笃行的建筑铁军作风，通过科学技术的革新、管理模式的升级、发展品质的提升，不但继续发扬铁军作风，更彰显工建速度。襄阳四中迁建项目的推进便是"湖北工建集团"铁军作风的集中体现，更预示着其将在市场经济的热浪中持续地激流勇进。

襄阳四中迁建项目是"湖北工建集团"投资建设的重点项目，也是中国百强名校、被誉为"襄阳市教育的未来窗口"的省、市重点工程。该项目自2018年元月开始建设，面对拆迁受阻、工期紧张、材料紧缺、设计滞后等多重压力，项目部全体员工依旧坚守工地。即使襄阳普降大雪，气温骤降，项目部也没有停工，而是实行现场管理人员既当工人又当技术员，两班倒不间断作业。即使工程紧、任务重，项目部的员工也没有因为追求速度而放弃质量。事实上，早在开工之前，项目部就订立了明确的工程质量目标，并将安全质量标准化落到实处：在项目部驻地建设、施工现场道路硬化、安全防护标准化、临时水电标准化、安全监控智能化等方面达到了高标准；按照《集团安全文化手册》《集团安全文明施工标准化手册》，并结合集团"攻坚文化"理念体系，进行施工现场文明施工专项策划，保证施工质量；配置多功能洒水车、雾炮机、楼栋及塔吊喷淋系统、保洁保安人员，积极参与襄阳环境污染治理工作，做到泥不出门、堆土不裸露，把项目建设和城市转型发展相结合；设置$PM_{2.5}$、PM_{10}监测设备，随时掌握大气质量状况，根据扬尘治理应急预案实施应对异常天气的现场降尘措施①，维护城市环境治理；综合运用远程监控 BIM 技术、智能喷淋系统、二维码应用等多种现代化施工管理措施，推动"互联网+"和科技创新在施工过程中的运用，采用空气能商用机热水器、太阳能路灯、雨水收集池、定型化钢筋保护棚，累计节水 4000 吨，节电 7000 多度，节约钢材 50 余吨；此外还成立科技攻关小组，从施工组织、机械设备管理、十项新技术应用等几个方面开展消除质量通病以及工法编写、专利申报和科研成果总结等工作。

2019 年，襄阳四中迁建项目竣工，随后通过质监部门的验收。当年五四前夕，经中国共产主义青年团襄阳市委员会、襄阳市委精神文明建设指导委员会办公室评议，"湖北工建集团"襄阳四中迁建项目部荣获 2018 年度襄阳市"青年文明号"称号。确实，这一项目的出色完成离不开青年员工的艰辛奋斗。在项目部中，青年员工占多数，而项目部也正因如此才决定打造活力团队，注重加强青年员工"单兵作战"能力，试图创建"学习型、创新型、安全型、阳光型"四型项目部。在此基础上，青年职工得到了优质而系统的职业培训，从而为项目实施打下了坚实的基础。在项目开工遭遇重重困难之际，正是项目部青年职工的沉着冷静、集思广益和积极应对挑战，才最终使项目获得成功，并为"湖北工建集团"在襄阳打出一张亮丽的名片。值得一提的是，该项目先后荣获全国"安康杯"竞赛优胜班组、"湖北省工人先锋号"、武汉建筑及勘察设计行业劳动和技能竞赛"十佳创新项目"、湖北省 QC 成果、省级工法等一系列荣誉称号，有关个人也获得多项荣誉。

（三）开拓系民生

面对充满大挑战也充满大机遇的时代，"湖北工建集团"的建设者勇于开拓又情系民生，用智慧和汗水在天地之间、在城市之中描绘下精彩的一笔。

2018 年，"湖北工建集团"积极承包郧西县的重点民生工程项目。尽管"湖北工建集团"此前曾承担过不少民生工程项目，但这次是其第一次涉足棚户区的改造。在"湖北工建集团"持之以恒的不懈努力下，这个棚户区改造项目成功地改善了 1 万多名居住条件较差的城镇居民的生活，圆满地完成了任务。值得一提的是，郧西县还在切实体验了"湖北工建集团"的精工制作后，旋即提高了当地建筑行业的最高标准。在郧西县的棚户区改造项目完工后不久，"湖北工建集团"又承建了荆州市纪南镇棚户区改造项目。这次"湖北工建集团"可

---

① 李孟，向延昆，宁宏伟，等. 发挥铁军作风　彰显工建速度——湖北工建基础设施事业部打造高效项目侧记[J]. 中华建设，2019（11）：25-28.

谓轻车熟路，颇为顺利地新建了10932套安置房，妥善安置了纪南城区周边9个村的拆迁居民，并获得到了大家的一致褒奖。

国家是人民之国家，社会亦是人民之社会。所以，国家和社会的不少方面都与人民和民生密切相关，而对生活环境的保护和治理则更是如此。"湖北工建集团"的情系民生还表现在其聚焦环境治理，充当起"长江大保护"绿色发展战略的执行者。"湖北工建集团"曾承包过北京绿海能再生能源发电厂项目，完成了一个高楼层、高跨度、高施工难度的超级项目，建成北京西六环上的生态明珠。后来，"湖北工建集团"便以此为经验，承包了麻城市月亮河治理、灵璧县河道整治、长江大保护（宜昌示范区）先导项目猇亭污水厂网改扩建工程等项目，参加了建设武钢、鄂州电厂等一大批钢铁厂、火电厂、水泥厂的污水处理和脱硫脱硝安装工程，从而为打赢蓝天碧水保卫战、建设"美丽中国"作出了积极的贡献。

毫无疑问，建设"美丽中国"是关涉民生的重大工程，而"湖北工建集团"从来都不是国家和省内重大战略部署的旁观者，而是最积极的参与者和执行者。近年来，"湖北工建集团"积极贯彻省委、省政府"一芯两带三区"区域和产业发展布局，承包了综合配套区一标段1～6号建筑及地下停车场施工，为"中国芯、武汉造"打下了坚实基础①。2018年，"湖北工建集团"还承建了荆州市的"一号工程"——荆州新机场，把荆州新机场打造成机场建设的样板工程。

二、挺身敢担当

一个企业，尤其是对社会具有重要影响的大型企业，不能一味追求经济效益而丝毫不顾社会责任，否则终将被人民所唾弃、被历史所淘汰。"湖北工建集团"是一个大型企业，更是社会主义中国的国有企业，其从来都不罔顾社会责任，当经济效益和社会责任发生冲突时，无怨无悔牺牲经济效益，挺身而出勇担社会责任。

（一）驰援抗天灾

人民的需要，就是"湖北工建集团"的集结令和冲锋号角。无论是洪灾还是震灾，"湖北工建集团"都第一时间集结，奋斗在应急抢险和灾后重建的第一线。"湖北工建集团"在对党忠诚、为国奉献精神的引领下奋战，不负国家和人民的希望。

---

① 向延昆.湖北工建：在国家和地区重大战略中展现"国企担当"[N].湖北日报，2019-12-9（16）.

2008年5月12日，四川省阿坝藏族羌族自治州汶川县发生震惊中外的汶川大地震。这声大震突如其来，给四川造成了巨大的人员伤亡和财产损失。"湖北工建集团"党委迅速发出支援救灾重建的倡议和号召，于是分布在全国各地和海外的职工积极响应，在短短两天的时间内交纳特殊党费和爱心捐款90多万元，而企业更是捐款1100多万元。湖北省决定对四川省雅安市汉源县进行对口支援，而"湖北工建集团"则积极向省政府请战，强烈要求参与灾后重建工作。当时，"湖北工建集团"率先组织了300多人的抢险队奔赴现场积极开展抢险救援工作，随后又派出500人的灾后援建队伍，以最快的速度开赴汉源县参与灾后重建。他们冒着余震不断的危险，克服重重困难，夜以继日地工作，圆满完成了安源县1212套过渡安置房的搭建、雅安市五县两区24950套过渡安置房的水电安装及外围供水供电组团施工任务。为进一步重建灾区，"湖北工建集团"又请求参加汉源县新县城居民住房暨学校工程建设，最终按照地震设防为8度、生命设防为9度的标准，承建了汉源县新县城89栋复合安置房项目工程。该工程建筑面积19万余平方米，保证了灾区居民的住房安全和学生按时开课。

2018年8月，安徽省宿州市灵璧县连续遭遇特大强降雨侵袭，引发洪涝灾害，造成房屋倒塌、农田淹没、道路阻塞等灾害。8月13日晚，"湖北工建集团"航道公司灵璧项目部收到灵璧县政府、城管局发出的参与抗洪抢险的求助。随即，项目部就在工作群里发布了紧急抗洪抢险通知，仅用5分钟就集结了项目部所有抢险人员和抢险设备。当项目部人员带着大型抽水机械等抢险设备，驾驶车辆紧急赶到洪涝灾害现场时，他们发现路上积水已经很深，以至于救援车辆都无法进入。然而，他们当机立断，纷纷下车将抢险设备肩扛手抬地运往灾区。抗洪抢险设备运到灾区后，他们又顾不上休息，立刻按照应急救援流程，设置警戒线、查找排水口、接通吸水管与抽水管、发动抽水泵等。经过13个小时的紧张连续作战，"湖北工建集团"的救灾队伍将灵璧县城市内涝问题全部解决，圆满地完成了抗洪抢险任务。

（二）精准助扶贫

自党的十八大以来，"脱贫攻坚"就被以习近平同志为核心的党中央摆到了治国理政的重要位置，且党中央还提出动员全党、全社会的力量，共同打响反贫困斗争攻坚战的要求。"湖北工建集团"不忘国家的政策扶持，不忘社会的大力支持，秉持回报社会的真诚，继续发扬对党忠诚、为国奉献的精神，积极响应党和国家的号召，派驻扶贫工作队扎根湖北省十堰市竹山县迎丰村，助力精准扶贫，从而在为全面建成小康社会贡献自己的一份力量的同时，也用扶贫的实践行动彰显企业的社会责任感。"湖北工建集团"的扶贫工作队揣着一颗赤诚之心，全心全意为人民服务，为社会奉献，不畏困难，矢志带领迎丰村脱掉"贫困县"的帽子。2017年8月，扶贫工作队到达地处山区腹地、交通不发达、资源稀缺又常年遭受地质灾害的迎丰村，为迎丰村注入了新鲜的血液，帮助迎丰村逐渐建立起自己的产业。

扶贫工作队一心为民，把村民的小事当作自己工作的大事，从解决村民最关心、最直接、最现实的问题入手。发现迎丰村二组村民饮水有难处，扶贫工作队队员就帮助解决，上山找水源；发现村里的香菇种植户缺少保鲜和烘干的设备，扶贫工作队就争取资金为村民购买；发现村里因沟渠加深出现安全隐患，扶贫工作队又为村里安装了护栏；发现村民卫生习惯差，慢性病多，扶贫工作队就把"102"医院义诊队请到村里给村民免费检查，发放药品。正是因为扶贫工作队从村民的实际困难入手，用真情服务、真心付出，用看得见的成效让村民认可扶贫工作，迎丰村的村民才能对扶贫工作队产生信任，积极配合扶贫工作队的扶贫工作，从而在脱贫的道路上不断前进。扶贫工作队务实关心群众，为迎丰村办好事、办实事、办村民满意的事。他们深知"授人以鱼不如授人以渔"的深刻哲理，意识到迎丰村的脱贫"单纯靠种地很难"，于是为迎丰村投资60余万元，建成了一个光伏发电站，给迎丰村带来每年6万多元的收入。结合美丽乡村建设，扶贫工作队又为迎丰村提出了"万元庭院田园经济"计划，帮助村民改造住宅和庭院，开展家庭农业生产，种植蔬果，养殖家禽。此外，扶贫工作队还资助竹山县贫困大学生在武汉完成大学学业，为竹山县的教育发展贡献了一份绵薄之力；发挥下属共建学校的优势，为竹山县的建筑企业人员提供技术培训，解决人才需求。正是因为扶贫工作队对党忠诚、为国奉献，才能把老百姓的需求放在第一位，帮助迎丰村的村民办实事、办好事、办村民满意的事。

"湖北工建集团"始终将扶贫工作纳入重要工作日程，形成脱贫攻坚合力。扶贫工作队坚持精准聚焦，扶到根上，做到真扶贫、扶真贫。正因如此，他们才能和村民齐心协力，在贫瘠的土地中培育出累累硕果，带领迎丰村在脱贫的道路上奋进，共同铸造中华民族伟大复兴的辉煌。

（三）齐心战疫情

2020年1月，一场突如其来的新型冠状病毒肺炎（"COVID-19"）席卷全国，而作为疫情集中暴发地的武汉更是成为全国集中力量围歼疫情的主战场。全国最精锐的医疗力量从四面八方而来，云聚武汉。在这场战役中，人们看到了一个个逆行者，其中有身披白大褂、一直身处抗疫一线的医护人员，更有头戴安全帽、争分夺秒地抢建抗疫建筑的"湖北工建"人。对于各大、中、小企业而言,这场疫情不仅是一场关于企业生死存亡的考验,更是一场关于企业责任担当的考验。大疫面前,"湖北工建集团"积极投身应急医疗物资运输,以及火神山医院、雷神山医院、多个区域的方舱医院、医疗隔离点等多个项目的建设,体现了一个企业对国家和社会的担当,彰显了对党忠诚、为国奉献的精神。

2020年1月30日,"湖北工建集团"接到省应急管理厅和省疫情防控指挥部的紧急通知,要求迅速组建一支拉得出、靠得住、过得硬、打得赢的应急医疗物资运输队。"湖北工建集团"工程总承包公司临危受命,迅速发动退伍军人、职工等志愿者组建起一支10余人的应急医疗物资运输队,从1月31日任务开始到3月11日任务结束,在40天内共运输6万多件应急医疗物资,为打赢疫情防控阻击战作出了重大贡献。武汉是全国疫情最严重的地区,有着数量庞大的新冠肺炎感染者,以至于定点医院都无法满足医疗需要。为此,武汉市决定参照"非典"期间的北京小汤山医院模式,建设火神山医院,集中收治新冠肺炎患者,缓解医院的医治压力。2月1日,"湖北工建集团"在接到紧急援建通知后,立即援建火神山医院,并于当天就组队到达施工现场,随后迅速展开工作。从2月1日下午开始施工,到2月4日凌晨,"湖北工建集团"的施工队伍就圆满完成了医技楼、重症监护病房、4号楼等地的施工任务。火神山医院的建设仅用了两天三夜,这可以说是一个奇迹,而奇迹的诞生又显然与施工人员密不可分。事实上,这一切都得益于施工人员对党忠诚、为国奉献、吃苦耐劳、勇于担当的精神品质。当时的他们,真正是不顾休息,加班加点,用尽全部心力奋战在建筑工地。不唯如此,当时无论是年轻人,还是老工人,无论是普通的职工,还是企业的管理者和领导人员,他们都主动赶往抗疫第一线,并且意志坚定、不畏困难,为了解决人民所面对的问题而竭尽全力。

"疫情就是命令,现场就是战场!""湖北工建集团"基础设施事业部在2月3日收到改建襄阳市东津新区防控备用隔离点的施工任务后,立即组建了一支由36名平均年龄为33岁的青年组成的突击队,用了短短三个昼夜的时间成功搭起了襄阳东津的"小汤山医院"。5日的大雪、6日的低温都没有让这群青年胆怯退缩,反而使他们建设的情绪更加高昂,映射出如同烈日融化积雪的热情。他们承担着不同的具体工作,却有着同样炽热的赤子之心,在疫情面前毫不畏惧,主动请缨。他们抱持着"湖北工建"的"攻坚"精神,日夜不息,用三天时间改建了48间医学观察室和30间医务人员工作间。三天里,他们克服了工期紧、任务重、材料短缺、运输不易等困难,用青春书写战疫担当!

面对严峻的疫情,"湖北工建集团"发扬对党忠诚、为国奉献的精神,积极响应党的号召,在党的领导下,主动投身于湖北省各大医疗点的建设之中,逆行直上,承担了武汉市、襄阳市、宜昌市近20家专门医院、方舱医院、隔离点的建设改造任务，为取得湖北保卫战、武汉保卫战的最终胜利夯实了基础。2020年9月21日，"湖北工建集团"获"湖北省抗击新冠肺炎疫情先进集体"称号，同年12月15日，又获"全国农民工工作先进集体"荣誉称号。

第三节 党旗招展新时代

随着21世纪钟声的敲响，"湖北工建总承包集团"跨入新世纪，面临新机遇，也承载着新使命。为此，"湖北工建总承包集团"先是于2002年将总部由襄樊搬迁至湖北省省会武汉，后又于2006年改制、更名为"湖北工建集团"。因此，新世纪的新机遇和新使命主要由"湖北工建集团"来挑战和完成。在这个过程中，"湖北工建集团"党委及各分公司党委、党支部继续完善组织制度，把坚持党的领导、加强党的建设始终贯彻企业发展的全过程。企业基本建立党政领导交叉任职制度，严格履行"一岗双责"，严格落实党委中心组（扩大）学习制度。在2017年的专项督导检查中，"湖北工建集团"的党建工作被湖北省人民政府国有资有监督管理委员会党委评为A类等次。

2017年10月18日，党的十九大开幕。"湖北工建集团"组织职工6000多人集中收听、收看，即使是远在千里之外的海外项目部，也都积极响应。党的十九大召开以来，"湖北工建集团"组织各类宣讲超过50多次，企业领导班子成员及各单位党委（党总支）成员纷纷到项目一线开展宣讲。企业党委深入贯彻落实党的十九大精神，教育引导全体党员干部牢固树立"四个意识"，坚定"四个自信"，做到"两个维护"，通过加强和完善党对国有企业的领导，加强和改进国有企业党的建设，统筹引领"湖北工建集团"的改革发展。

2017年10月31日，党的十九大刚刚闭幕一周时间，习近平总书记就带领新一届中央政治局常委专门乘坐专机从北京来到上海集体瞻仰中共"一大"会址，随后又来到浙江嘉兴南湖边瞻仰复建的南湖红船及其纪念馆。当时，习总书记深情阐释"红船精神"，向全党全国人民发出了"不忘初心、牢记使命、永远奋斗"的伟大号召。"湖北工建集团"第一时间积极响应党中央号召，紧跟习总书记的步伐，多次组织广大干部和职工赴包头、襄阳、十堰、红安等地开展了形式多样的"不忘初心、牢记使命"主题教育活动，着力增强了集团各级领导干部和广大职工的历史感、认同感、归属感和责任感，引导和激发大家重拾信心、统一思想、振奋精神、砥砺前行。比如2018年5月3日，"湖北工建集团"就在总部召开了"不忘初心、牢记使命——基因：传承与发展"新老职工座谈会。会上，老职工们追忆峥嵘岁月，点赞"工建"新貌，而年轻职工们则向老职工们表达了最崇高的敬意，畅谈"工建"未来。又比如2018年7月，"湖北工建集团"在企业党委的领导下深入开展"不忘初心、牢记使命——赴集团迁鄂前老基地（包头）寻根活动"。参加活动的共有100多人，涵盖了"湖北工建集团"各层次、各类别、各年龄段的人员：不仅有企业部分领导班子成员、老干部代表，各职能部门、事业部和二级单位主要负责人，还有2006年企业改制以来荣获省部级以上荣誉的先进模范代表和新入职的青年员工代表。在先辈们挥洒汗水和青春的地方，在年代久远的旧厂房和设备前，与会代表一边参观一边倾听，双眼饱含景仰之情，双手真切触摸历史。可以说，他们在内心深处实实在在地感受到了什么是责任、创新和品质，从而对"攻坚进取、忠诚奉献"的企业精神有了更加深刻的理解。此次寻根之旅虽然时间不长，但是内容非常充实。大家利用晚间休息时间开展了分组讨论，通过话感受、谈收获、明态度，每个与会代表的历史感、认同感更深了，凝聚力、向心力更强了。大家都深有感触地说，他们寻找到了先辈们的印记和情怀，寻找到了企业的创业足迹，也真切感受到了先辈们战天斗地、开天辟地和感天动地的三种精神。每个人都表示，在今后的工作中，一定会继续传承和发扬这种精神，推动企业持续快速发展。

进入新时代，"湖北工建集团"的初心就是：树立坚定的理想信念，牢记全心全意为人民服务的根本宗旨，为社会奉献一项项经典工程。也正因如此，"湖北工建集团"指出："我们每名党员干部、特别是党员领导干部要牢固树立以人为本的理念，切实将员工作为企业最宝贵的财富，不断增强他们的获得感、幸福感、安全感，共享集团改革发展成果。"对于"湖北工建集团"而言，新时代的使命就是"要把坚持党的领导、加强党的建设，把提高企业效益、增强企业竞争实力、实现国有资产保值增值作为出发点和落脚点，坚定不移地把企业做强、做优、做大，坚决扛起国有企业所应承担的经济责任、政治责任、社会责任，为湖北省社会经济发展贡献力量"。

新时代的"湖北工建集团"抓住时代机遇，成功走向海外市场，在"一带一路"沿线20多个国家和地区承建了50多个海外工程项目。随着市场空间的不断拓展，"湖北工建集团"的项目遍布省内17个地区、国内主要大中型城市和"一带一路"沿线20多个国家和地区，而如何加强管理分布分散的工程项目，把五湖四海的党支部、党员连在线上，就成为当今党组织建设的重大课题。为此，"湖北工建集团"党委充分发挥基层党组织的战斗堡垒作用和广大党员的先锋模范作用，创新开展"建联合党支部，开展主题党日"活动，逐步探索联合党支部建设的实现路径、体制机制、制度保障等。由此，全体职工的信心更足了，干劲更大了，成绩也更多了。2018年3月15日，武汉东湖宾馆改造工程施工正酣，而该项目又具有施工主体多、协调难度大、完成时间紧、任务变化快等特点。为全面加强工程管理，"湖北工建集团"在党委领导下召集企业机关二支部、工程总承包公司机关党支部、项目临时党支部这三个党支部联合开展了"务实重行、奋进新时代"的支部主题党日活动。此次活动通过全体党员重温入党誓词、宣读青年文明号"践诺公约"等具体内容，充分激发了所有员工克服困难、勇往直前的精神动力，最终推动了任务的圆满完成，从而促使企业社会形象和品牌知名度得到极大的提升。同年8月24日，这三个党支部先期联合组织的"诵读《梁家河》、走好人生路"支部主题党日活动，又为企业党委探索建立联合党支部积累了更多的经验。为此，企业党委专门下发《关于开展"诵读〈梁家河〉、走好人生路"支部主题党日活动的通知》，指出采取联合开展的形式组织主题党日。这极大地调动了企业各级党支部的积极性和主动性，而这一支部主题党日活动后来又变成了一个人人想参与、愿参加、齐到场的"热门"活动。

"湖北工建集团"通过建立联合党支部，并以党支部团结带领项目全体党员和群众攻坚进取、忠诚奉献、务实重行、担当有为，切实推动了以党建项目促进项目建设①。2018年4月，习近平总书记在武汉市东湖新技术开发区视察时要求，企业要加强党建工作，以党建引领促进企业创新发展。党的领导是国有企业发展的灵魂，而"湖北工建集团"则对此深有感触，因其曾经有着光荣的传统，尤其是具有"102"的红色基因。由于建筑企业的情况比较特殊，很多工程项目遍及祖国四面八方乃至世界各地，党员分散在不同位置，开展党建工作存在难度。但是，党建工作再难也要做。如果没有党组织的坚强领导，队伍难免就会软弱涣散。所以，"湖北工建集团"坚持把加强党建作为推动企业发展的强大引擎，使党建工作更有效地服务于生产经营，从而为企业高质量发展提供坚强的政治保证。通过摸索实践，"湖北工建集团"把"支部建在项目上"，形成"支部连在网上，党员连在线上"的组织形态。"湖北工建集团"及其二级单位两级党委下设22个基层党总支，140个基层党支部，基本实现了党组织网络全覆盖②。

"湖北工建集团"严格落实党章关于国有企业党组织职责定位，全力推进党

---

① 向延昆.湖北工建：在国家和地区重大战略中展现"国企担当"[N].湖北日报，2019-12-9（16）.

② 彭一苇，向延昆.湖北工建董事长刘光辉——老牌国企如何焕发新春[N].湖北日报，2018-5-31（4）.

建入章工作,完善"三重一大"决策制度和党委、董事会、经理层等议事规则,充分发挥党委"把方向、管大局、保落实"的作用,以党建工作清单为抓手,着力解决生产经营中的关键问题。严格落实"三会一课"制度、民主生活会制度、民主评议党员制度等,组织召开专题会议研究制定党建工作计划,明确各支部党建工作目标任务,层层落实,责任到人。班子成员分工协作,各司其职;党务工作人员通力协作,各尽其责;党员严格自律,积极参加组织生活。结合从严治党的新形势和新要求,突出实用性和可操作性,对单位休假、业务操作、法律事务等制度进行修订和完善。

"湖北工建集团"积极开展党风廉政建设宣传教育月活动,组织全体党员干部重点学习《中华人民共和国宪法》《中华人民共和国监察法》等党规党纪,观看《不忘初心,警钟长鸣》警示教育片,而这些活动有效提高了党员干部的纪律规矩意识和廉洁从业意识。"湖北工建集团"深化"四个一"活动,即考一次应知应会知识、过一次主题党日活动、上一次廉政党课、抓一次专题学习,扎实开展党风廉政建设宣传教育月活动。此外,"湖北工建集团"还深入开展家庭助廉活动,与中层以上干部家属签订《家庭助廉承诺书》。

在新时代,"湖北工建集团"的使命就是要把坚持党的领导、加强党的建设,以及提高企业效益、增强企业竞争实力、实现国有资产保值增值作为出发点和落脚点,坚定不移地把企业做强、做优、做大,为湖北省乃至全国、全世界的社会经济发展贡献力量。

第四节　扬帆启航踏征程

"若不趁起风时扬帆,船是不会前进的",而"湖北工建"正是在改革的浪潮中再次扬帆起航、一往直前的那艘船。自改革开放以来,"湖北工建"和许多国有企业一样摸着石头过河,在一步步探索中负重前行。他们在吸取经验教训的同时,联系自身发展实际,走出了一条"湖北工建特色"发展之路。毫无疑问,这条路是在党委精心领导、职工攻坚进取的共同努力下完成的。所谓"功夫不负有心人",而"湖北工建"也终于浴火重生,成为建筑领域中独具特色的一颗明星。

改革促发展,铁军展壮志。20世纪末至21世纪初期的"湖北工建"不仅面临国有企业的普遍困境,还具有特殊个体的具体困难。当时,面对市场的大浪淘沙,许多国有企业都面临经营不善甚或被迫清产注销的局面,但"湖北工建"

具有永不服输的军人品质和军队作风,并不愿被时代所淘汰。于是,"湖北工建"改革并不断深化改革,在继续支援国家工业命脉建设的同时,竭力谋求企业的长久生存与良好发展。为此,企业领导班子经过综合考量后,于1995年将当时的"湖北工建"——"湖北工建总公司"的注册地点变更为湖北省省会武汉。翌年,又将企业更名为"湖北工建总承包集团"。注册地址以及企业名称的变更,并非文字游戏,而是切实反映出了"湖北工建"确实存在的改革历程。2001年,新一届领导班子成立,旋即将企业总部迁址武汉提上日程。后来的事实证明,这一重大变迁拉开了"湖北工建"在21世纪进行深化改革的序幕。翌年,"湖北工建总承包集团"便将企业总部由襄樊搬迁至武汉。这是"湖北工建"史上一次重大的战略转移,给未来的"湖北工建"带来了更为广阔的市场。也就是在这一年,中共十六大召开,而这对"湖北工建"来说既是机遇,也是挑战。十六大报告指出:深化国有体制改革,给国有企业松绑,改善国有企业现有的运作模式。在20世纪90年代改革的经验下,"湖北工建"从自身市场竞争综合能力薄弱的实际出发,一方面提高自身实力,另一方面深化改革程度,建立现代企业制度,完善运行机制。2006年,"湖北工建"迎来其长期改革的关键之年:企业改制工作正式起航,改革进一步推进,对未来企业的产权结构、产业结构、企业改革的组织领导作出重要安排,并且提出了企业重组的重要思路。"湖北工建"的一系列深化改革措施,又反映在企业名称的变更上——由"湖北工建总承包集团"更名为"湖北工建集团"。"实践是检验真理的唯一标准",而"湖北工建集团"就是以其取得的骄人成绩昭示其深化改革的显著成效。2010年底,"湖北工建集团"荣登"2010年湖北企业100强名单"。同年,"湖北工建集团"首届董事会正式运作,而这标志着"湖北工建"长期以来的建设现代企业制度、完善法人治理结构进入了新阶段。2016年以来,"湖北工建集团"取得了"双特三甲"资质,即建筑工程施工总承包特级资质、市政公用工程施工总承包特级资质以及建筑工程设计行业甲级资质、市政公用工程设计行业甲级资质、勘察设计综合甲级资质。此外,"湖北工建集团"还曾获得过机电安装工程施工、地基与基础专业承包、钢结构工程专业承包、装修装饰工程专业承包、环保工程专业承包等一级资质。2017年,"湖北工建集团"的第一个工业园——湖北工建科技工业园在武汉市经济技术开发区正式开工。这既是夯实企业机械制造产业板块的一件大事,又是企业下辖时代汽车公司主业实体化、电梯厂战略转移的一件大事,从而对企业开拓业务领域具有重要的意义。身处21世纪的"湖北工建集团"拓宽市场、着力升级、坚持创新,在不断地深化改革过程中,迎来了大发展的时期。

精工铸精品,挺身敢担当。企业的生存与发展终究得依托产品,而对于

"湖北工建集团"而言，其产品就是一幢幢宏大的建筑。事实上，"湖北工建集团"就是以其精雕细琢、倾注匠心的精致产品——优秀的建筑工程维系其长久生存和良好发展的。2017年，"湖北工建集团"承建的湖北能源调度大楼项目虽然极具施工难度，但最终圆满完工并荣获"2016—2017年度国家优质工程奖"。2018年元月开工的襄阳四中迁建项目面临拆迁受阻、工期紧张、材料紧缺、设计滞后等诸多困难，但"湖北工建集团"克服万难，顺利于翌年完工，且随后就通过了质监部门的验收。此外，"湖北工建集团"还积极开拓民生项目。2018年，"湖北工建集团"承包郧西县的重点民生工程项目，首次涉足棚户区的改造。不久后，"湖北工建集团"又承建荆州市纪南镇棚户区改造项目。这两个棚户区改造项目都保质保量地交工，获得社会与群众的一致褒奖。除了棚户区改造项目，"湖北工建集团"还承包了麻城市月亮河治理、灵璧县河道整治、长江大保护（宜昌示范区）先导项目猇亭污水厂网改扩建工程等项目，参加了建设武钢、鄂州电厂等一大批钢铁厂、火电厂、水泥厂的污水处理和脱硫脱硝安装工程，从而为打赢蓝天碧水保卫战、建设"美丽中国"作出了积极的贡献。

习近平总书记曾说："一个有希望的民族不能没有英雄，一个有前途的国家不能没有先锋。""湖北工建集团"除了树立建精品工程，争创经济效益，还积极承担社会责任，在对抗天灾、助力扶贫、阻击疫情等过程中作出了重大的贡献。事实上，"湖北工建"历来就是个有担当的国有企业，承载着为国家、社会分忧解难的光荣传统。1976年唐山发生大地震后，"湖北工建"的先辈们第一时间就赶赴灾区开展灾后重建工作，而在2008年他们又一次发扬传统、展现担当——"湖北工建集团"第一时间支援汶川大地震的灾后重建工作。在党中央"脱贫攻坚"的号召下，"湖北工建集团"又积极派驻扶贫工作队扎根湖北省十堰市竹山县迎丰村，助力精准扶贫，从而在为全面建成小康社会贡献自己的一份力量的同时，也用扶贫的实践行动彰显企业的社会责任感。2020年开年，新型冠状病毒肆虐全国，而武汉则是重灾区。当时，"湖北工建集团"主动请缨、冲锋在前，助力疫情防控阻击战，为保护人民的生命安全积极作为，勇担社会责任。

"不见昨夜雨湿处，聊以新颜待今朝"。"湖北工建"从2002年总部迁址武汉发展至今，历经危机重重至势如破竹。这不仅是一部国有企业的成长史，也是一部成功的企业改革史。在更深层次的意义上，"湖北工建"为其他国有企业改革提供了更多的经验。自党的十六大以来，"湖北工建"在党的指导下，一方面攻坚进取，推进改革力度；另一方面结合自身发展，提出了独具特色的"愿景规划"，形成了具有代表性的企业文化，内外双重发力，从而使如今的"湖北工建集团"在诸多国有企业中脱颖而出，为其他国有企业提供了宝贵的改革经验。

奉献铸工建,初心永不倦。深化改革程度是促进"湖北工建"发展的助力,而深厚的企业文化则是其催化剂。"落红不是无情物,化作春泥更护花"。在"湖北工建"发展的几十年里,一代代建设者发扬了奉献精神,铸就了"工建"文化。在企业党委领导下,企业工会牵头,通过一线调研、员工座谈、先进模范人物访谈等方式,总结、提炼出了攻坚文化的理念体系,包括企业使命、企业愿景、企业价值观、企业精神、企业作风、创业号令、"五种精神""六种意识"。这些内容有机地组成了新一代"湖北工建集团"的企业文化,并激励着一代又一代的"湖北工建"人在困境中勇攀高峰,在工程中精益求精。"工建"与"攻坚"的不解之缘,就是"湖北工建集团"屹立于社会发展大潮中的强大精神武器。

党旗指引新发展,砥砺前行新时代。2018年4月,习近平总书记在武汉东湖新技术开发区视察时要求,企业要加强党建工作,以党建引领促进企业创新发展。党建是企业发展的强大动力,也是其政治保证。"湖北工建集团"一直将党的领导、党的建设落到实处,在企业内部建立党政领导交叉任职制度,严格履行"一岗双责",严格落实党委中心组(扩大)学习制度,加强企业对党的理论的学习,同时展开各类活动,加强思想政治教育。"湖北工建集团"在结合自身实际中发展出了独具特色的党组织建设工作,为其他国有企业提供了借鉴意义。在"一带一路"的推动下,市场不断扩大,如何加强对党支部、党员的管理成为难题。通过摸索实践,"湖北工建集团"把"支部建在项目上",形成"支部连在网上,党员连在线上"的组织形态。这样的方式受到了实践的检验,尤其是党的十九大精神得到了职工的积极响应。"湖北工建集团"严格推进党建入章,明确党组织职责定位,在组织生活中全力推进从严治党,为全面落实党的领导起到模范作用。"湖北工建集团"积极开展党风廉政建设宣传教育月活动,将党员的组织活动与家庭活动相结合,进一步增强党员干部的纪律规矩意识和廉洁从业意识,促使党员干部牢记共产党员的初心与使命,并发扬"工建"精神。此外,"湖北工建集团"还创造性地开展支部主题党日活动,充分发挥基层党组织的战斗堡垒作用和广大党员的先锋模范作用,在一线工作中加强理论学习,激发职工不畏艰险、勇往直前的精神动力。通过一系列举措,"湖北工建集团"加强和完善了党对国有企业的领导,加强和改进了国有企业党的建设,统筹引领了"湖北工建集团"的改革发展。

"沉舟侧畔千帆过,病树前头万木春"。70年前,公营"时代建筑公司"和"建二师"在天津共同组建了"湖北工建"的前身。在中华人民共和国的建设中,他们辗转全国各地,奉献人生,成为中华人民共和国建设的中流砥柱。70年后,在习近平新时代中国特色社会主义思想的指导下,"湖北工建"再迈步,重出发,其势不可挡。在这期间,"湖北工建"虽然历经磨难和低谷,甚至坚忍 10 多年的蛰伏,但终究在武汉重振雄风,焕发了第二春。回顾"湖北工建"的发展之路,悠悠 70 载。毋庸讳言,正是适逢改革的东风,"湖北工建"才得以重新焕发生机。"湖北工建"的历程显然对其他国有企业的发展具有借鉴意义,而"湖北工建"在改革过程中保存下来的文化底蕴也同样弥足珍贵。如今,兼具软实力的"湖北工建"一直保持勇往直前的进取精神,不断加强自身建设,终将"直挂云帆济沧海",百尺竿头,更进一步!

"湖北工建"的企业史既是一部中华人民共和国的工业建筑史,也是一部"三线建设"岁月的见证史,同时还是一部包头、十堰等新兴工业城市的成长史。据不完全统计,1969—1981年,"湖北工建"仅在十堰这片土地上就完成了240万平方米的建筑施工,创造了11.3亿元的施工产值(按当时价格计算)。其中,"湖北工建"参与的"三线建设"项目——二汽"的基建工作,在长达32千米的20条大小山沟里建设了27座现代专业厂房,还建成了亚洲最大的轮胎厂——东风轮胎厂。在"二汽"的专业厂房建设基本完成后,"湖北工建"又投入十堰的市政工程建设,建设了一批十堰市标志性建筑。"湖北工建"作为有强大使命感和强大设计施工能量的国有企业,一直紧随国家发展步伐,为中华人民共和国的经济发展和基础建设贡献力量。在扎根十堰开展"三线建设"的1969—1981年,"湖北工建"历经"102""湖北省建委第一工程局""湖北省第一建工局"的嬗变,但它们在十堰的"三线建设"岁月中铸就的"102精神"已然成为整个企业宝贵的精神财富,源源不断地激励着后来的"湖北工建"人砥砺前行,再创辉煌。

第一节 "102精神"的时代内涵

20世纪60年代,国际形势急剧变化。为此,党中央决定在我国中、西部地区的13个省、自治区进行以战备为中心的关涉军工国防科技、工业产业体系、交通基础设施等内容的大规模的"三线建设"。后来,始于1964年的"三线建设"成为"三五"计划(1966—1970)、"四五"计划(1971—1975)、"五五"计划(1976—1980)的重要内容之一。仅在这三个五年计划的时间里,"三线建设"累计投资2052.68亿元(按当时价格计算),占三个五年计划全国基本建设总投资的40%。当时,400多万的技术工人、共产党员、知识骨干、解放军官兵以及成千上万的民工到祖国的边疆大漠和深山峡谷中艰苦奋斗、忠诚奉献、团结协作、开拓创新。"三线建设"建造了上千个(所)大中型工矿企业、科研单位和大专院校,建设了数十条铁路线路,形成了包括煤炭、电力、冶金、化工、机械、核能、航空、航天、兵工、电子、船舶工业等门类比较齐全的战略后方基地,改善了我国中、西部地区的工业布局,奠定了中、西部地区的工业基础,缔造了一批新兴工业城市。在"备战备荒为人民""好人好马上三线"的时代号召下,400多万的"三线建设"者无怨无悔地用知识和智慧、艰辛和血汗为祖国的国防建设、工业建设、经济建设贡献力量,并创造出伟大的"三线精神",谱写出一曲曲惊天动地、感人肺腑的时代之歌。

"三线精神"是"三线建设"者在特殊岁月中以血肉之躯、实践之功逐渐凝聚出来的特殊时代精神,且不同地区的"三线建设"者又纷纷为"三线精神"灌注了和而不同的内涵,以至于"三线精神"的内涵颇为丰富且难以概述。具体到当年湖北省的"三线建设",首屈一指的是十堰的"二汽"建设。"湖北工建"的前身——"102"就是在以军事化建制参与十堰"二汽"的基本建设中,从领导干部到普通职工都充分诠释了"三线建设"时期特殊的时代精神,并凝聚出了更为具体的"102精神",从而丰富了"三线精神"的内涵。大体而言,"102精神"是"先生产后生活的忠诚奉献精神",是"不辞辛劳的顽强拼搏精神",是"攻坚克难的开拓进取精神",同时也是"共克时艰的团结协作精神"。显然,"102精神"也是"三线精神"的内涵之一。进而言之,"先生产后生活的忠诚奉献精神""不辞辛劳的顽强拼搏精神""攻坚克难的开拓进取精神""共克时艰的团结协作精神"也都是"三线精神"的内涵之一。

　　当时的十堰只是一个北抵秦岭、南依巴山,且有武当山横贯全境的偏远山区。从行政区划的角度而言,当时的十堰不过是位于汉水中游的湖北省郧阳地区下辖的红卫地区,但后来十堰因为"二汽"的大规模开工而于1969年由办事处升格为县级市。十堰地形复杂,交通极为不便,没有大城市作为依托,生活物资严重匮乏。十堰工业基础极为落后,"重工业是铁匠铺,轻工业是豆腐坊"就是最初十堰工业状况的真实写照。要在这样的山沟沟里建设27座专业厂房,"102"面临的艰难困苦可想而知。然而,"102"及其继承者"湖北省建委第一工程局"通过近4万人艰苦卓绝的努力,在1975年前后建设完成了"二汽"全部专业厂、辅配件厂、大部分配套厂及其基础配套设施的建设任务,为"二汽"顺利生产出"英雄车""功臣车"提供了坚实的保障。1975年后的10余年间,"湖北省建委第一工程局"的承继单位"湖北省第一建工局"又相继完成了"二汽"技术中心、"三大处"、总装厂新总装车间、车桥厂新中后桥车间、锻造厂重锻前梁车间、变速箱厂(五九厂)新变速箱车间等20多个大型专业厂房,以及包括"二汽"配套处、供办仓库、热电厂、煤气厂、"二汽"体育馆在内的生产生活配套项目的建设,并且完成了东风轮胎厂等一大批厂房的改扩建工程,创造出在鄂西北群山中建成亚洲第一大汽车厂的奇迹,从而为祖国的"三线建设"作出了突出的贡献。

　　无论是在生产方面,还是在生活方面,"102"在建设十堰期间充分彰显了"先生产后生活的忠诚奉献精神"。"102"在生活上不图享受、不怕吃苦,在工作上默默付出、不求回报。"102"的成员大都来自北京、包头、呼和浩特、大庆等地,而习惯北方寒冷干燥气候的他们初到十堰时,往往很难适应当地潮湿、闷热的气候环境。此外,十堰本是一个荒野小镇,交通本就极为不便,而一下

结语

子聚集10万余人后，物资就更为短缺，以至于"102"的吃、住、行都非常艰难。"102"及其他"二汽"建设者起初大多数都住在芦席棚作为过渡。所谓芦席棚，指的是屋面用油毡铺就，骨架用木头杉杆搭成，四壁由芦苇围成的总面积不到10平方米的棚子。芦席棚冬天又冷又潮，而每当下雪的时候，真可说是"外面下大雪，屋内飘雪花"。据原"102"成员回忆："房子里除了砌筑一个灶台，放一张木板钉的小桌子，其余的什么也放不下，也自然是什么都没有。什么碗柜、衣柜、写字台，自然是奢望。"吃的东西十分匮乏，至于肉食则大部分要到邻近的河南省去买。关键是，这一来一往需要数日的折腾，而且肉买回来后都变味了。除了肉食，白菜、萝卜、冬瓜、南瓜等蔬菜及其他一些副食也都供应不上，以至于常常需要到邻省、邻市采购。原"102"成员还曾回忆道："喝的稀粥里经常发现老鼠屎，可没有人因为一两颗老鼠屎掉进一碗稀粥就不喝了。1000多人就餐的食堂和房屋前后，都看不到倒掉的饭菜。"虽然吃得不好，住得不行，但是"102"的建设者们思想觉悟高，生活上不怕苦，工作上不怕难，全心全意投入工作中，不但人拉肩扛运设备，还开山辟路建厂房。当时的十堰只有一条老白公路连接外界，而境内桥梁的承重都不超过10吨。因此，众多大型机械、设备往往是走水路从丹江运送到邓湾码头，之后只能靠工人们徒手用绳索拉、用肩扛才能运到公路边。有些不太方便运输的物质资料，只能在工人们忙完工地上的任务后，加班加点一点点地从邓湾码头背回来、扛回来。比如最初的水泥电线杆，就是由十几个工人用两个小推车一前一后走近30千米路才运送到工地。在运送的过程中，有一名四川籍的工人由于下坡时没有控制住水泥电线杆，被电线杆砸断了腿。像这样的工伤事故，在整个建设十堰的过程中可谓不胜枚举。

为了解决运输设备和物资的难题，"102"决定建造一条"二汽"铁路专用线路，并将这个任务交给了十堰"二汽"建设的开路先锋——"102"所辖土石方工程团第31队，而第31队随即全体动员。由此，他们便承接了长达618米的龚家沟铁路隧道的开凿任务。隧道施工需要大量的道钉、耙钉、拱架和模板等工具，但当时无处可购买。为此，第31队不得不跟时间赛跑：他们在完成本职工作之余，利用夜晚休息时间加班加点地制造以前从未制造过的拱架等工具。长时间下来，工人们的手都磨出了血泡和老茧，但他们毫无怨言，反而不断琢磨改进工作方法，提高工作效率以保障隧道的顺利施工。所谓"功夫不负有心人"，在车间副主任蒋龙的带领下，第31队采用土洋结合的办法，日夜奋战，满足了施工进度的要求，为隧道施工提供了强有力的保障。另外，十堰地区地形条件复杂，风化石较多，这便导致隧道施工塌方频繁，比如职工田大银就不幸献出了宝贵的生命。爆破处理危石是一项危险又艰难的工作，而土石方工程团的共产党员和班长每次都身先士卒、争先恐后地进入隧道处理危石。其中，班长龙丕治就不幸遇险，一条腿被截肢。

其实，不仅仅是土石方工程团，那些参加十堰建设的其他工人、领导、群体也都在以爱国主义为核心的民族精神的哺育下，不怕难、不怕苦，为"二汽"建设默默付出，不求回报。参加过抗日战争、抗美援朝战争的"102"机械运输团革命委员会副主任魏万荣，积极响应国家号召，投身十堰的"二汽"建设。魏万荣主管人事、生产和机械，事无巨细地帮助职工们解决问题，在加班加点制作拖板车的会战中，年仅43岁的他终因积劳成疾而不幸肝病复发去世。"102工程"的建设者大多为十堰建设奉献了大半辈子，其热血青春都在十堰度过，而且他们往往还都要求去世后埋葬在十堰这片土地里。他们从战争中走来，始终信守一切以党、国家和人民利益为重的主人翁精神，在祖国最需要的地方贡献力量、发光发热。土石方工程团的陈炳琪就放弃了20世纪70年代中期调回北京的机会，留在了十堰这片他奋斗过、洒过热血、深爱着的土地上，后来又举家定居十堰。现在，十堰花果地区的山坡上，还埋葬着众多当年前来建设十堰的建设者。

虽然十堰的生活条件艰苦、生产条件困难，但是"102"的建设者们工作安心、专心，从不因生活、生产的艰难困苦而懈怠工作，反而发扬革命乐观主义精神和革命英雄主义精神，顽强拼搏地奋斗在十堰的"二汽"建设之中，从而凝聚出"102精神"的又一大内涵，即不辞辛劳的顽强拼搏精神。

在"二汽早建成，世界革命早胜利""革命加拼命，早日建成'二汽'，让毛主席睡好觉""备战备荒为人民"等口号的号召下，"102"克服自然环境恶劣、物资供应匮乏、施工条件差等困难，有条件要上，没有条件创造条件也要上，以不辞辛劳的顽强拼搏精神，圆满地完成了十堰"二汽"的基建任务，为祖国的"三线建设"事业作出了突出的贡献。当时工期长、任务紧，加班加点、起早贪黑是职工们工作的常态。节假日少，往往两个星期休息一天，甚或一个月才休息一天。雨衣、雨靴、高筒雨裤是职工们的必备品，而小雨不停工则是职工们自觉遵守的法则。夏天烈日炎炎，酷暑难当。尤其是在高温达40多摄氏度的三伏天的时候，一线工人们还顶着太阳作业，其衣服被汗水打湿了一遍又一遍，一天下来甚至会结出一层厚厚的碱。然而，工人们即使被太阳暴晒到只剩下牙齿是白的，也丝毫不影响工作热情。党的十一大代表、全国三八红旗手秦秀兰更是如此，因为她在工作上从来都是乐观积极、不怕吃苦、顽强拼搏。在被任命为五七家属连的连长后，她以身作则，带领家属连的妇女们三天三夜不下火线，圆满地完成了"二汽"电厂混凝土的基础工作。她起早贪黑，认真工作，在安装"二汽"铸造一厂二车间的钢窗的会战中，为确保钢窗的安装时间，清晨5点钟就赶到工地展开工作。当其他工友在8点钟准时上班时，她已经拼焊了九档钢窗。也正是在秦秀兰的带动下，一众工友们竟然提前三天完成了任务。其实，像这样不辞辛劳、顽强拼搏的人物事迹在十堰"二汽"建设中可谓数不胜数。受过战争洗礼和革命精神教育的建设者们满腔热血地投入工作中，顽强拼搏地克服一个又一个困难，充满着激情与热血，闪耀着理想与信念的光芒。

其中，"102"第四工程团更是突出的代表。"102"第四工程团后来变更为"湖北省建委第一工程局"一公司，之后又变更为"湖北省第一建工局"一公司，但始终不变的是他们的光荣传统和优秀品质。据"湖北省第一建工局"一公司史料所载，从1969年到1979年的十年间，该公司党委带领着4500名职工，在任务急、任务重，材料、机具以及人力短缺的情况下，以军人素质抢晴天、战雨天，不怕苦、不怕累和轻伤不下火线的顽强拼搏精神，圆满地完成了"二汽"发动机厂、铸造一厂、化油器厂、轴承厂、变速箱厂、冲模厂、底盘零件厂、弹簧钢板厂、水箱厂、标准件厂、刃具厂等的建设，获得了辉煌的成绩，立下了丰功伟绩，涌现出了众多的英雄人物和光荣集体。其中，一公司被湖北省命名为"大庆式企业"，一公司二处被工程局评为"标杆处"，而一公司三处的青工班李宏江小组则被工程局评为"先进组"。尤为值得嘱目的是源自"102"第四工程团二营的"湖北省第一建工局"一公司二处，因其曾多次被上级单位评为标杆，年年在各项经济技术指标上名列前茅。在参与1972年至1975年间的黄龙引水工程以保障十堰"二汽"工业和人民生活用水问题的会战中，"102"第四工程团及其继任者"湖北省建委第一工程局"一公司、"湖北省第一建工局"一公司上下团结，顽强拼搏，不顾战线长、工期紧以及施工条件差的困难，凭借惊人的毅力、顽强的意志提前一个月完成了分配的任务。在这场大会战中，干部和职工都以天当房、以地为床，吃睡都在工地上。诚如当时的参与建设者所言："眼熬红了，人拖瘦了，却毫无怨言。"事实上，当时的大家都是怀着"二汽"早出车、"三线"早建好的理想信念，艰苦奋斗、顽强拼搏地奋战在工作一线。

在一穷二白建设"二汽"、建设十堰的过程中，"102"不断地遭遇技术难题、工程难题、设备难题，又不断地凭借聪明才智苦苦摸索，解决一个又一个工程难题，从而彰显出攻坚克难的开拓进取精神，丰富"102精神"的内涵。为了建设"二汽"专用铁路桥，"102"机械运输团在没有架桥机和大吨位起重机且地形复杂的情况下，创新开发了"龙门吊预架桥梁吊装法""便道横移法"等施工方法，以履带吊车和土办法相结合的方式创造了架桥奇迹，建设了"二汽"专用交通道路。"102"第二安装团的钳工韩金山，面对吊具不足，无法在"二汽"车架厂安装 2000 吨压力机设备的技术难题时，大胆创新，发明了倒装工法。这一工法不但能将压力机设备 500 吨重的底座一次安装就位，还使得工期、工效提高一倍以上，从而创造出同吨位同行业最快、最优的安装速度。为了正常使用从德国进口的汽车缸体 kW 自动生产线，韩金山又查阅资料，逐一排查，凭借熟练的专业能力和锐意创新的勇气，攻克各个技术难题，使生产线能够正常运转，从而保障了"二汽"军用车的生产。因时制宜、因地制宜地解决问题，创新办法，土洋结合，这些都是"102"攻坚克难、开拓进取的不二法宝，同时也成为"102"承继单位的优秀传统。"湖北省建委第一工程局"工业设备安装公司是"102"第二安装团的继承者，其秉持着这种优秀的传统，在生产工作中淋漓尽致地展现出攻坚克难的开拓进取精神。在建设黄龙引水工程时，"湖北省建委第一工程局"工业设备安装公司面临没有吊车铺设水泥管的窘境。为此，公司工程师朱夑臣与技术人员发扬传统，锐意攻坚，因地制宜地发明了以一百多人用绳子拉着大管一点一点往下放的"人海战术下管法"。此外，朱夑臣还发明了"卷扬机对接法"以解决大管对接出现困难的不时之需。为了解决传统开山爆破存在的炸药消耗大、成本高、效率低、进展慢的弊端，"102"土石方工程团第 31 队的陈炳琪致力于推广当时尚未普及的"药壶爆破法"。然而，十堰地区多为松软岩石，所以这种爆破方法并不适合直接推广。为此，陈炳琪白天去山区现场勘探，打孔取样，到了夜晚又仔细计算孔位、孔距、孔深以及炸药的用量等。经过多次实验后，他终于找到了在十堰地区圆满运用"药壶爆破法"的规律。这种爆破方法的推广，极大地加快了施工进度，降低了施工成本。

  这些"102"的工程师和技术能手不畏艰难、大胆创新、开拓进取，攻克了一个个难关，用自己的智慧和勇气、专业和创新为祖国的经济建设事业作出了突出贡献，同时也为"102"赢得了赞誉。事实上，当时的"102"凭借专业的施工能力、高超的技术水平获得了十堰人民乃至全国人民的一致认可。"102"拥有众多"独门绝技"，比如预应力屋架制作技术、张拉技术等。正是在攻坚克难、开拓进取精神的影响下，"102"打造了自己的核心技术，创造了具有竞争力的品牌。也正是在这样一个个团体、一个个技术带头人攻坚克难、开拓进取的努力下，"二汽"的基本建设才得以在如此艰苦的条件下顺利完成，从而不断地为十堰人民创造一个个更加美好的明天。

  在建设"二汽"的过程中，从"102"的领导、工人到家属乃至当地人民都相爱有加、互帮互助、共同劳作，充分体现了那个年代共克时艰的团结协作精神。在建设"二汽"的初期，住房紧张，很多初到十堰的建设者不得不到当地老乡家中去借宿或租房，而当地居民也往往会提供力所能及的帮助。诸如此类当地老乡与"102"团结协作以共克时艰的例子其实不胜枚举，但"102"内部从领导到工人乃至家属之间的通力合作、众志成城更能体现共克时艰的团结协作精神。曾经，在"二汽"四一厂的吊装工地上，最后一根柱子在基础坑内无论怎样校正，都有垂直偏差。为了校正这仅仅十几毫米的偏差，一个起重班的工人和全工地几十号人都一起冒着雨、饿着肚子共同等待。他们心系一起，出谋划策，直到女测量工欣喜地大声喊道"正负零"，所有的工人才陆续收拾工具离开工地。源于"102"第四工程团二营的"湖北省第一建工局"一公司二处，多次被评为标杆工程处。其实，标杆的成就也源自他们历来的团结协作。曾经，为了使生产两吨半越野车的车间达到设备安装的条件，他们承担起施工任务最为艰巨的四八厂（铸造一厂）缸体车间地下室（平面面积多达2000平方米且纵深达七八米）的施工。为此，全处上下齐心协力，采用在当时技术难度很大的滑膜顶升技术，将组装好的钢模板用大量的千斤顶一节节地顶升上去，浇筑钢筋混凝土。二处的施工队、班组，为了保证一次浇筑完成，不分昼夜地进行施工大会战。终于，在全处共同努力下，施工任务保质保量地完成了。土石方工程团的任务常具危险性，因为爆破是他们的主业之一。然而，在这充满危险的爆破作业中，土石方工程团也彰显出难能可贵的共克时艰的团结协作精神。曾经，因为扩容马家河水库、扩建邓湾码头以及修建"二汽"专用铁路的需要，土石方工程团第31队奉命分别搬掉马家河、镜潭沟口以及邓湾码头的一些山头。其中，在对邓湾码头附近的山头进行爆破时，第31队为了保证安全，全体出动协作配合以装药回填。当时，上至机关干部、下至普通职工，不分男女，不分老弱，都在洞外向洞内传递炸药，其余青壮则在洞内接力传递炸药至指定洞室。相较而言，洞内的环境更恶劣也更具危险性，尤其是氧气的缺失令人难以长时间待在洞中。但是，第31队的党员、团员纷纷主动请缨入洞作业，并且竭尽所能地坚持长时间作业。正是在第31队全体成员的共同努力和通力协作下，此次爆破任务才顺利完成。

  此外，共克时艰的团结协作精神还表现为当时的干群关系极为和谐，而这种和谐干群关系更是成为传统，泽被后人。在黄龙引水工程中，"102"第二安装团二营及其继任者"湖北省建委第一工程局"工业设备安装公司二处，从领导干部到普通职工共计400多人都团结一致地前往一线施工作业。工程处的主任刘明英、主任工程师魏秀珍等领导干部，不但与工人们一起劳动，还把办公现场搬到工地，白天黑夜都和工人们同吃、同住，就地解决工人们的问题。纵观黄龙引水工程的全线建设，其实不仅限于"102"，还有上千名民工的参与，甚至工程沿途普通百姓在当地干部的带领下也有参与。也正因如此，黄龙供水工程可以说是专业施工队伍和当地人民群众共同创造的结晶。当然，这也从另一个层面印证了当时的干群关系之和谐。事实上，当时一众领导干部时常放弃难得的过年、过节的休息时间去慰问职工,切实为职工解决问题。当时的职工70%以上都是青年职工,其中不少职工又是单身。工作强度大,离家又远,他们在逢年过节时的心境可想而知。这个时候,领导干部的关怀就显得尤为重要了。此外,领导干部参加工地劳动在当时也是一种常态化的制度:"工程处设立了干部轮流下班组劳动制度,时间短则半月,长则一个月。"当时的领导干部和普通职工同甘共苦,共同劳作,包括但不限于到火车站卸载装材料的车,到工地搬水泥、装沙石等等。领导干部和普通职工以及当地人民团结一致,齐心协力,这既使生活和工作条件艰难的十堰"三线建设"岁月多了温情的滋养,又切切实实地推动了十堰"三线建设"的进程。

"102 精神"是"先生产后生活的忠诚奉献精神",是"不辞辛劳的顽强拼搏精神",是"攻坚克难的开拓进取精神",同时也是"共克时艰的团结协作精神"。正因如此,从"102"到"湖北省建委第一工程局"再到"湖北省第一建工局",扎根十堰的建设者无不在攻坚之路上锲而不舍地前行,而开辟这一传统或创造这一精神的先行者就是"102"。

第二节 "102 精神"的梦想意蕴

在扎根十堰助力"三线建设"期间,"102"以其辛勤的汗水、鲜红的热血乃至怒放的生命创造出独特的"102 精神",即"先生产后生活的忠诚奉献精神""不辞辛劳的顽强拼搏精神""攻坚克难的开拓进取精神""共克时艰的团结协作精神"。其实,"102 精神"还蕴含着伟大的梦想,那便是"富起来、强起来"的国家梦、"能获得荣誉感、归属感"的企业梦以及"有成就、有价值"的个人梦。"102"将国家梦、企业梦、个人梦有机统一在以忠诚奉献、顽强拼搏、开拓进取和团结协作为内核的"102 精神"之中。虽然十堰的"三线建设"已经淡出历史舞台,但是从中孕育出的"102 精神"仍然不失为当下实现中华民族伟大复兴之中国梦的宝贵精神财富。进而言之,"102 精神"蕴含的国家梦、企业梦、个人梦应当可以成为新时代探索国家梦、企业梦、个人梦三者有机结合的有益借鉴。

自近代以来,"富起来、强起来"的国家梦一直萦绕在中国人的心间,为此几代人前仆后继、蹈死不悔。当历史推进到中华人民共和国成立之初的 20 世纪 50 年代,人们也仍在追逐这一梦想。然而,梦想尚未实现,国际环境日趋恶劣。尤其是在 20 世纪 60 年代,先是美国欲轰炸我们,后是苏联在中苏、中蒙边境陈兵百万。显然,这一切都严重地威胁着我国的国家主权与领土安全。面对美国、苏联以及其他敌对势力带来的安全威胁,党中央适时做出了以战备为中心进行战略资源转移的建设战略大后方的重大决策。此后,"三线建设"便被正式提上日程。"三线建设"是中华人民共和国国史和社会主义经济建设史上一个特殊的历史时期,同时也是中华民族追逐"富起来、强起来"之国家梦的早期奋斗历程。当年,领导人毛泽东曾风趣地说:"攀枝花钢铁工业基地的建设要快,攀枝花搞不起来,睡不着觉""你们不搞攀枝花,我就骑着毛驴子去那里开会;没有钱,拿我的稿费去搞。"攀枝花钢铁工业基地的建设也是"三线建设"的重要项目之一,由此可见毛泽东对"三线建设"的进度和进展十分关心。后来,在"好人好马上三线""备战备荒为人民"的号召下,数百万大军奔赴深山荒林、边疆大漠,满怀激情地参与祖国三线地区的国防建设、经济建设,用青春和热血、智慧和勇气在祖国大地上书写壮丽诗篇。

  当时,偌大的中国只在北方有一座汽车制造厂,即总部位于吉林省长春市的"第一汽车制造厂",因此在内陆建设中国第二个汽车制造厂以满足战备的需要就显得尤为重要了。建设"二汽"的议程一波三折,但最终在1969年大规模动土开工。在那种特殊的时代背景下,有志青年的共同追求就是在祖国最需要的地方建设祖国最需要的事业。而"102"作为一支军民融合的建筑队伍,既有从抗日战争、解放战争、抗美援朝战争、抗美援越战争复员转业的军人,又有中华人民共和国成立后翻身拥有土地的农民,向来走在祖国建设的第一线:哪里有需要,哪里就有他们的身影。他们在十堰这个荒野小镇,开山辟路、搭架建厂、引水修桥,克服重重困难建成了20多个专业厂房、多条专用铁路、多座桥梁和相关的基础设施。这些"102"成员不求回报,不讲享受,住芦席棚、干打垒,吃白粥、就咸菜,两个星期甚至一个月才休息一天,夜以继日地奋战在"二汽"建设的第一线。工地上,白天红旗招展,夜晚机器轰鸣。工人们夏天挥汗如雨,冬天大汗淋漓。虽然背井离乡,远离亲人,更兼工作和生活条件艰苦,但"102"没有一个人叫苦叫累。大家在"革命加拼命"的工作氛围中,怀着坚定的理想信念,个个宛如"拼命三郎",劲头十足、激情四射地参加建设工作,只为了"二汽建设早完成,世界革命早胜利"。这种"先生产后生活""献了青春献终生,献了终生献子孙""毛主席的战士最听党的话,哪里需要哪里去,哪里就是我的家"的忠诚奉献精神,是"102"炙热的爱国之心、赤诚的爱国之情的集中体现。正是因为一腔爱国之情,正是因为对社会主义怀着坚定的理想信念,正是因为矢志追寻"富起来、强起来"的国家梦,"102工程"的建设者们才积极响应国家政策与国家需要,抛弃优渥的生活条件,来到荒山野岭建设"二汽"等国防科技工业。所以,"102精神"天然地蕴含着"富起来、强起来"的国家梦。进而言之,当年也正是因为包括"102"在内的一众"三线建设"者的努力，才有了一个个绽放在西南和西北地区的航空航天、钢铁煤炭、机械制造等以国防科技为主的"工业之花"，才有了一系列新兴工业城市的兴起。毋庸讳言，以爱国主义为核心的民族精神在任何时候都是激励全国各族人民忠诚奉献、顽强拼搏、开拓进取、团结协作的力量之源、灵魂之基。由此可知，"102精神"所蕴含的"富起来、强起来"的国家梦弥足珍贵。

"102"是一支建筑队伍，并且是一支庞大的建筑队伍。也正因如此，"102"扎根十堰埋头建设，在宏观上是为实现"富起来、强起来"的国家梦，而在中观上则是在追寻"能获得荣誉感、归属感"的企业梦。"102"因军队传统与红色基因的影响，本就重视企业管理和组织纪律，所以遵章守纪、下级服从上级、"三老四严""四个一样""五湖四海"等教育活动贯穿于企业管理和企业文化之中。"102"各级领导往往以身作则行表率，严格要求与管理员工，"不讲团结、迟到早退要受批评和教育，工作时间干私活、公车私用要受处分，赌博、品行不端屡教不改要开除"。在这样的企业氛围与环境中，"102"形成了守纪律、重荣誉、高要求、严标准的优良作风。也正因如此，"102"的工程任务做得合格、做得漂亮，从而赢得十堰市乃至湖北省的信任与青睐。

事实上，"102"极其重视工程建设的质量，常把"按规范操作、按工艺要求、严丝合缝和分毫不差"挂在嘴边。也正因其质量过硬、诚实守信，在20世纪七八十年代，十堰市将六堰体育馆、东风剧场、图书馆、商贸大厦、人民医院、太和医院、人民商场、广电大楼、东岳立交桥等一大批标志性建筑的建设重任都托付给了"102"。"102"每一个人更是工作认真，爱岗敬业。每天，哪怕工作再忙，工人们在收班的时候也都要把设备擦拭得干干净净，以至于汽车、吊车、挖土机、推土机，甚至土建单位的混凝土搅拌机、"蹦蹦车"，随时都显得光亮照人。不唯如此，"102"之人还团结友爱，集体荣誉感强。从领导、党员、一般干部到工人，相处融洽，形成了拧成一股绳、柴多火焰高、拼命出成绩的良好企业氛围。在各个团体、班组的高效配合下，"102"在十堰这片土地上创造了一个又一个奇迹，如黄龙引水工程、"二汽"专用铁路、"二汽"专业厂等等。"102"始终把国家与人民的信任铭记于心中，用质量过硬的技术、认真负责的态度、开拓进取的精神，不辜负祖国和人民的希望。可以说，"102"对每一个成员的影响都可谓刻骨铭心、难以磨灭。时至今日，"102"的承继单位还是会骄傲地称自己为"102"人，还是会怀念属于"102"的黄金时代。也正是因为这种植根于心的对企业的归属感、荣誉感的认同，"102"全体人员才能够"把工作当作事业，将企业当作家庭"，才能够团结一致、共克时艰地在十堰的山与山之间、河滩乱石之上，攻克各种技术难题，即使"没有条件创造条件也要上"，最终圆满地完成了"二汽"的基建工作。正是在这个过程中，

"102"创造了独具特色的"102精神",同时又以此激励"102"各成员先生产后生活地忠诚奉献、不辞辛劳地顽强拼搏、攻坚克难地开拓进取、共克时艰地团结协作。这无疑意味着他们对"102精神"的认同,从而彰显出他们认同"102"是一个"能打胜仗,作风优良,品质卓越"的企业,并且是一个能给人以荣誉感、归属感的企业。因此可以说,"102精神"又蕴含着"能获得荣誉感、归属感"的企业梦。其实,当年举凡"三线建设"的各个单位,都能给予其员工强烈的荣誉感和归属感。换言之,包括"102"在内的各个参与"三线建设"的单位,其员工都怀揣着"能获得荣誉感、归属感"的企业梦。

除了宏观上"富起来、强起来"的国家梦,中观上"能获得荣誉感、归属感"的企业梦之外,微观上"有成就、有价值"的个人梦也是"102"一直在努力实现的梦想。在爱国主义情怀的滋养下,在企业精神文化的熏陶下,"102"真正实现了"人定胜天"——在穷乡僻壤中创造出建成亚洲第一大汽车厂的奇迹。其实,"102"创造的奇迹还有很多:"102"土石方工程团自己动手制造"土吊车";"102"机械运输团24小时完成"解放"牌汽车大修;"102"第二安装团在电气设备安装过程中因革新技术、打破"禁区"而获得奖励;"102"构件厂在简陋芦席棚车间里生产的大型水泥管经受住了抗压强度和防渗漏双重考验,为十堰市黄龙引水工程所采用;"102"第六工程团在"二汽"电厂185米高烟囱建造中,创下了保质量、保工期、高空作业无伤亡的惊人纪录,以及在东风轮胎厂123、121车间运用张拉法确保大跨度混凝土屋架强度,从而在省内创造技术前沿……这些奇迹的诞生,固然有国家层面、企业层面的激励对"102"成员的影响,但不可忽视的是其中还存在着个人层面的自我实现的需求。

根据美国著名社会心理学家亚伯拉罕·哈洛德·马斯洛(Abraham H. Maslow,1908—1970)的需求层次理论,人的需求分为生理需求、安全需求、社交需求、尊重需求和自我实现需求等5种需求。其中,自我实现需求是人的最高层次的需求,指的是人有努力发挥自己的潜力、能力以最大限度地实现个人理想、抱负的欲望。因此,一份工作的意义远远超过了能够提供经济收入的价值,更是个人用以实现自我价值、创造人生价值以获得最大快乐的必要途径和必要手段。从这个角度而言,其实每个人都怀揣着"有成就、有价值"的个人梦。具体到"102"在十堰的建设,可以说"102"成员在工作中之所以体现出忠诚奉献、顽强拼搏、开拓进取、团结协作等精神,除了因为爱国主义、集体主义情怀的滋养以及国家层面、企业层面的激励,还因为"102"成员在个人层面出于实现自我价值、创造人生价值的强烈渴望。这种渴望在他们扎根十堰的建设过程中,具体地表现为人人试图成为一个有成就、有价值的人,从而实现其"有成就、有价值"的个人梦。显然,这无疑促使着他们心甘情愿地舍弃舒适的生活条件，背井离乡，来到不毛之地的十堰奉献青春和热血；还促使着他们抢晴天、战雨天，不舍昼夜地在工地上顽强拼搏；更促使着他们废寝忘食、夜以继日地琢磨一个个技术难题，绞尽脑汁，土洋结合地制作所需工具。对自我实现需求的追求，亦即对"有成就、有价值"的个人梦的追求，是"102精神"得以形成和实现的又一个重要因素。"102"成员在十堰的"三线建设"中表现出的忠诚奉献、顽强拼搏、开拓进取、团结协作等精神彰显出他们的个人梦在于追求人生成就和自我价值的实现，亦即通过努力为国家和企业的发展作出贡献，从而实现自我的肯定和满足。所以，"102精神"还蕴含着"有成就、有价值"的个人梦。当然，一如"102"成员，当年参与"三线建设"的各个单位的成员，其实也都怀揣着"有成就、有价值"的个人梦而奋斗于"三线建设"大潮之中。

  总之，"102"在十堰的"三线建设"岁月中彰显出的"102精神"，即"先生产后生活的忠诚奉献精神""不辞辛劳的顽强拼搏精神""攻坚克难的开拓进取精神""共克时艰的团结协作精神"，与实现"富起来、强起来"的国家梦、"能获得荣誉感、归属感"的企业梦和"有成就、有价值"的个人梦有机统一。在响应"三线建设"而扎根十堰建设"二汽"的特殊岁月里，"102"成员既为国家的富强而埋首国家的国防、工业，又为企业的效益而专注企业的质量和信誉，也为自我的实现而追求自我的成就和价值，并且忠诚奉献、顽强拼搏、开拓进取、团结协作的精神贯穿方方面面、前前后后。大体而言，以爱国主义为核心的民族精神，激励着"102"成员在建设中忠诚奉献、顽强拼搏，以集体主义为传统的企业文化激励着"102"成员在工作中开拓进取、团结协作，以自我实现需求为依归的心理诉求激励着"102"成员在生活中不辞劳苦、勤勉努力。爱国主义、集体主义、自我实现激励着"102"成员坚定地奋斗在祖国"三线建设"大方略之中，同时也将"102"的国家梦、企业梦和个人梦和谐地统一起来。因此可以说，"102精神"是国家层面、企业层面和个人层面共同作用、共同激励的结果。

  虽然"102"乃至整个"三线建设"都已经淡出历史舞台，但"102""102精神"乃至所有"三线建设"者、整个"三线精神"并没有被历史遗忘，也不应该被历史遗忘。尤其是"102精神"及其所蕴含的国家梦、企业梦、个人梦，无疑对当下实现中华民族伟大复兴的中国梦征程具有重要的借鉴意义，至少在有机结合国家梦、企业梦和个人梦层面值得借鉴。

第三节 "102精神"的当下发展

扎根十堰并创造"102精神"的"102"是当年"三线建设"大军的缩影，而"102精神"则是当年"三线精神"的写照，十堰的建设又是当年"三线建设"的剪影。

毫无疑问，当年的"三线建设"有力地促进了中、西部地区的工业化进程和城镇化进程，为中、西部地区带来了先进的生产技术、扎实的工业基础、文明的生活方式。著名社会学家费孝通曾这样评价道：中国的"三线建设"使西南荒野地区进步了整整50年。由此可见，"三线建设"在促进西南和西北地区工业化、城镇化、文明化中起着重要作用。著名数学家华罗庚曾说过，多难的数学题他都有可能解得出来，但他无法解出建设者对党和人民的忠诚。然而，"三线建设"者的所作所为不但恰恰印证着华罗庚所说的"建设者对党和人民的忠诚"，还创造并彰显出了蕴含忠诚奉献、顽强拼搏、攻坚克难等品质的"三线精神"。应该说，时至今日，包含"102精神"在内的"三线精神"仍然是宝贵的精神资源，激励着一代代中华儿女为祖国的事业、人民的事业而不懈奋斗。所以，挖掘"102精神"乃至于整个"三线精神"的内涵与价值，并将其弘扬，是增强中国特色社会主义文化自信的有益途径，是进行爱国主义教育的资源载体，是构建健康向上的社会风气的助推器。

习近平总书记指出，实现中华民族伟大复兴的中国梦必须走中国道路、弘扬中国精神、凝聚中国力量。首先，弘扬"102精神"等"三线精神"，在当代中国意义重大：有利于增强中国特色社会主义文化自信，有利于引导人生的价值选择，有利于促进创新创业。当年，"三线建设"者在近20年的艰苦奋斗中，完成了以"两弹一星"为代表的军工国防科技产品，改善了中、西部地区的工业基础和交通基础设施，创造了一批诸如四川攀枝花、甘肃酒泉等工业城市。包括但不限于"102精神"的"三线精神"是中国特色社会主义文化的重要组成部分，是增强中国特色社会主义文化自信的思想动力。在戈壁荒滩、穷乡僻壤中建设一个个工业基地、一条条铁路公路、一座座桥梁、一所所科研机构等等，这一切充分体现出中国人民的勇气和智慧、团结和力量，彰显出中国人民不怕苦、不怕难的顽强拼搏和艰苦奋斗。"三线精神"以其丰富内涵而具有凝聚人民群众，特别是彰显中国人民民族气概和民族风貌的重要作用。因此，弘扬"三线精神"有利于增强中国人民的自信心和自豪感，有利于增强中国在社会主义国防建设和经济建设方面的文化自信，有利于向外输出中国人民的英雄气概和民族精神风貌。任何情况下，"三线精神"所蕴含的忠诚奉献、顽强拼搏、开拓进取和团结协作等精神都是中国特色社会主义文化的思想动力和不竭源泉。其次，弘扬"三线精神"有利于引导人生的价值选择。"三线精神"不仅是爱国主义教育的资源载体，还是推进社会主义核心价值观的内生动力。仅"102精神"所昭示出的忠诚奉献、顽强拼搏、开拓进取、团结协作等精神，就有利于引导人们作出正确选择。忠诚奉献的精神有利于在个人利己主义甚嚣尘上的氛围中引导青年选择能为祖国、为人民奋斗终生的有价值、有意义的事业，同时也能够引导青年热爱祖国、热爱人民、热爱中国共产党。顽强拼搏、开拓进取的精神不仅有利于引导青年积极地应对挫折和困难，使之有勇气、有智慧地一步步实现人生价值，还有利于激励青年为实现个人梦而矢志不渝地奋斗。团结协作的精神则能够引导青年互帮互助，营造和谐友爱、健康向上的社会氛围，从而努力建设社会主义和谐社会。最后，弘扬"三线精神"还有利于促进创新创业。在"三线建设"中，一批批攻坚克难、创新方法的技术人才纷纷涌现出来，他们"没有条件，创造条件也要上"，开动脑筋、土洋结合、因地制宜地制作设备工具、发明施工方法，保质保量地完成了"三线建设"的任务。攻坚克难的开拓进取精神也是"三线精神"的题中之义，而这又有利于激励民众刻苦钻研、创新创业，在全社会形成崇尚科技、重视创新的良好氛围。所以，弘扬"三线精神"对促进我国的创新创业、提升我国的科学技术水平、升级我国的工业体系、助力我国的经济社会发展具有重大的作用。

作为"三线精神"的重要内涵之一，"102精神"恰恰以"先生产后生活的忠诚奉献精神""不辞辛劳的顽强拼搏精神""攻坚克难的开拓进取精神""共克时艰的团结协作精神"为核心。"102精神"的创造者是"102"，而其承继单位就是"湖北工建"。21世纪伊始，"湖北工建"在"传承102红色基因，激情再创业，锻造建筑铁军"的号召下，确立了以"攻坚文化"为核心理念的企业文化，并凝练出更为具体的铁军精神、创新精神、工匠精神、担当精神以及奉献精神等5种精神。随着时代的发展，"攻坚文化"的外延不断拓展，历久弥新。对党忠诚，演化成对党、国家、企业、家庭忠诚；而为国奉献，则演化成为国家、为社会、为人民、为企业奉献。"102"在"三线建设"中彰显出的"攻坚精神"曾激励着当时的建设者为了国家梦、企业梦、个人梦而矢志不渝地艰苦奋斗、忠诚奉献、开拓进取。对于这些建设者而言，那真是"献了青春献终身，献了终身献子孙"，因为"102精神"同样深刻地烙印在这些建设者儿女后辈的血液之中，并激励着他们乘风破浪、扬帆远航。"湖北工建"作为省属国有企业，扛起"102精神"的大旗，传承着"102"红色基因，铸就了建筑铁军。时至今日,"102精神"已成为"湖北工建"塑造品牌文化、凝聚企业力量、开拓新局面的宝贵精神财富。

在社会主义新时代,"湖北工建"要更好地传承"102"红色基因,弘扬"102精神",积极践行"讲好102故事"。要"讲好102故事",其前提就是坚持中国共产党的领导。当然,"湖北工建"作为一个有担当、有责任的国有企业,始终坚定不移地坚持中国共产党的领导,始终奔赴在祖国和人民需要的第一线。70多年来,高扬党旗而坚持党的坚强领导一直都是"湖北工建"高质量、高水平发展的根本保证。事实上,"湖北工建"的发展史就是中国共产党执政的光辉杰作,也是坚定不移地走中国特色社会主义道路,实现中华民族伟大复兴的生动实践和精彩剪影。所以,当下乃至未来,"湖北工建"传承"102"红色基因,弘扬"102精神"一直要坚定不移地坚持党管一切、党领导一切的思想。换言之,也只有在党的领导下,"湖北工建"才能更好地传承"102"红色基因,弘扬"102精神"。

此外,"讲好102故事"还需要讲好"102"故事本身的内容,讲好"102"故事蕴含的精神,并创新讲述方法。首先,应该讲好"湖北工建"与"102"的历史渊源,并讲好其历史性贡献。比如,"湖北工建"的先辈们——"102工程"的建设者们曾克服极端恶劣的自然环境和地理环境,把"下雨当流汗、刮风当电扇",在山沟沟里建起了现代化城市,并使十堰市成为共和国历史上著名的"车城"。不唯如此,"102"还在十堰市的街头巷尾承建了一个又一个重大工程,如十堰市图书馆、十堰市体育馆、十堰市博物馆、万德大酒店、中国人民银行十堰支行、中国建设银行十堰支行、十堰市人民医院、十堰市国际金融中心(鄂西北第一高楼)等等。这些工程都是匠心之作,时至今日仍然是十堰市人民日常生活中不可或缺的重要建筑。其次,应该讲好先进典型人物、团体的英雄事迹。在"三线建设"大潮中,"102"曾涌现出一个个具有全国影响力的先进模范人物,如党的九大代表李凤荣,党的十一大代表、"全国三八红旗手"秦秀兰,全国劳动模范、第八届全国人大代表操三咏;五七家属连、四团二营、四团预制厂、土石方工程团等等。向当下"湖北工建"的员工耐心、详细地讲述"102"故事本身的内容,就可以使他们相当全面地了解"湖北工建"的先辈们——"102工程"的建设者们参与十堰"三线建设"的历史,了解"102"人以及"湖北工建"人的创业史、奋斗史,从而深刻体会"三线建设"铸就的特殊时代精神,进而感悟、认同"湖北工建"的企业文化,自觉传承"102"的红色基因。与此同时,应该讲好"先生产后生活的忠诚奉献精神""不辞辛劳的顽强拼搏精神""攻坚克难的开拓进取精神""共克时艰的团结协作精神"的"102精神"。这样的讲述可以营造出一个浓厚的企业文化氛围,让员工深受"102"之精神、品质的感召,自觉地继承"102精神",心怀"爱国之心、担当之心、责任之心、敬业之心",做到"不忘初心",从而在新的历史环境下忠诚奉献、顽强拼搏、开拓进取、团结协作,竭尽所能地为企业、为国家的发展作出贡献。最后,"讲好102故事"还要创新讲述方法。比如,通过短视频、图文结合的微信推文、VI形象的设计手册、简笔漫画等企业员工喜闻乐见的方式对其进行有效的宣扬。此外,"湖北工建"强化企业文化建设,重视企业品牌经营,在新员工刚一入职便组织他们学习、体会"102"红色基因和"102精神"。此后,"湖北工建"又时常开展"学历史·讲述我心中的一个'102'老前辈·寻找'102'足迹"等征文、演讲、团建活动,从而激发员工对"三线建设"这段特殊历史岁月的热情和激情,增强对企业文化的认同,加强传承"102"红色基因的自觉性。当然,"湖北工建"还应注意将"102"红色基因和"102精神"与当下的社会环境和时代使命相结合,激励员工爆发出蓬勃的生机和旺盛的生命力。

"102"红色基因,尤其是"102精神",确实在"湖北工建"的历史上产生了巨大的作用。仅在"十三五"规划期间,"湖北工建"就在经济效益、经营能力、党的建设、文化建设等方面取得了有目共睹的成绩。值此"十四五"规划之际,国内、国际环境已发生重大变化,而"湖北工建"在综合分析国内外环境、建筑市场、海外市场的基础上,制定出"湖北工建"的"十四五"战略规划,指引企业前进的方向。

"湖北工建"的"十四五"战略规划指出,"湖北工建"要以习近平新时代中国特色社会主义思想为指导,坚持党管国企和市场规律相结合,坚持统筹谋划与重点突破相结合,坚持规模提升和品质保障相结合,坚持转型升级与股权改革相结合的基本原则,到"十四五"末,争取成为省内建筑行业龙头企业、全省建筑业十强企业、省百强企业前十名企业、中国500强企业。"十四五"战略规划还指出:到"十四五"末,"湖北工建"将通过"深耕建筑领域,聚焦产业链运营"的内涵式增长方式,确保营业收入突破400亿元,净利润9亿元;通过整合资源、兼并重组等外延式增长方式,力争公司营业收入达到1000亿元;进一步深化企业改革,以国企改革三年行动方案为纲领,全面实施对标管理,完成组织机构改革、项目管理改革、人力资源改革三大改革任务,建立权责明确、管理科学、效益优良的省级领军企业;进行资本化运作,争取完成1家或2家公司的上市前辅导工作;加大技术创新,主导建立以企业为主体,高校、科研机构广泛参与的系列技术创新产业联盟;加大科技投入力度,科技投入、研发投入占主营业务收入的比重分别达到2%和0.6%以上;创造品牌效应,争取在湖北企业100强中晋升至前10位。

"湖北工建"的"十四五"战略规划还分别提出建造主业、投融资运营业务、科技环保业务、海外业务的发展策略。建造业务是"湖北工建"一直以来的基础产业，也是企业实力和影响力的重要体现，所以必须强化。为此，"湖北工建"要提升企业资源共享及业务协同能力，秉持"房建稳体量、基施拓增量、机电保专业、其他业务强相关多元化"的发展思路，聚焦差异化、专业化发展，培育施工总承包、工程总承包，提升投融建营一体化管理能力，优化业务结构和区域局部，保持规模稳定增长，持续提升发展品质和盈利能力。至于投融资运营业务，则立足于带动建筑主业的规模扩张，并本着风控先行的原则，由"湖北工建"集团公司统筹，建立以投资功能为主体、多类型融资渠道为支撑的投融资运营业务体系，全面分阶段对接多层次资本市场，确保实现投资带动产值比1∶10的目标。在当今这个科技高速发展且环保日趋重要的时代，科技环保业务显然是促使建筑主业转型升级、改善业务结构、提升盈利能力的重要引擎。为此，"湖北工建"将进一步壮大信息化业务，积极探索装配式建筑，逐步发展新基建工程，大力拓展环保业务。同时，搭建科技产业发展平台，使科技公司实行轻资产运作，立足于技术孵化，从而驱动建筑主业的发展。当下更是一个对外交流频繁的时代，所以国际业务不可偏废。不过，"湖北工建"不忘初心，虽不废国际业务，但也只是将国际业务作为国内业务的有机补充。为此，"湖北工建"依托对外援助"两个资质"（对外援助成套项目总承包企业资质和对外援助物资项目总承包企业资质），建立统一的海外业务平台，统一对外窗口和渠道，打造贸易、工程"两驾马车"齐头并进的发展格局，扩大品牌影响力。

  作为国有企业，"湖北工建"始终坚持党的领导并注重党组织的建设。因此，"湖北工建"的"十四五"战略规划还明确指出，进一步加强思想建设、制度建设、组织建设、党风廉政建设、队伍建设，深化党建强企战略，建设一批创新、务实、高效型的党组织，造就一支政治过硬、本领一流、乐于奉献的党员队伍，培养一批务实重行、担当有为的人才队伍，建立和完善适应企业发展、突出创新特色的党建工作模式。"湖北工建"将努力形成"政治站位高、组织功能优、队伍能力强、基础工作实、党建成效好"的高质量党建工作格局，形成具有"湖北工建"特色的党建工作体系，在全省形成具有影响力的党建品牌，切实推进和巩固标准化支部建设，争创全省先进基层党组织。"湖北工建"将通过抓党建引领企业发展，尤其是为自身高质量的发展提供坚强的组织保障。

  "湖北工建"的"十四五"战略规划宏大而丰富，包含战略管理、人才资源管理、财务管理、投资管理、履约管理、科技管理、信息化管理、企业文化建设、风险管理与监督等方面。相信在如此这般的战略规划引领下，"湖北工建"将更上一层楼。

志行万里者，不中道而辍足。2016年，"湖北工建"发出再创业动员令：传承"102"红色基因，激情再创业，锻造建筑铁军。值此企业刚过70华诞之际，"湖北工建"上下既有攻坚克难的勇气与实力，也有积极进取的决心与动力，必将以"咬定青山不放松"的韧劲、"不破楼兰终不还"的拼劲在中国的建筑领域大放异彩。"伟大的事业之所以伟大，不仅因为这种事业是正义的、宏大的，而且因为这种事业不是一帆风顺的。"也正因如此，"湖北工建"虽然已经踏遍千山万水、尝过千辛万苦，但仍然需要跋山涉水、含辛茹苦，不断蓄积攻坚进取的精神，切实发扬"102精神"。大江大河波涛奔涌，冲波逆折处尤显壮丽澎湃。"湖北工建"在未来的征程中必然会遭遇各种困难与挑战，但也必将会以迎难而上的勇气、不畏险阻的气魄、攻坚进取的精神去迎接充满希望的未来。

附录
"湖北工建"下辖部分单位嬗变源流[1]

---

[1] 本附录主要体现由原"102"下辖部分单位嬗变而来的"湖北工建"下辖部分单位的缘起与发展,其中涉及的单位具有代表性或与本书密切相关。需要注意的是,"湖北工建"当下所辖单位并不仅限于本附录所提及的单位,且本附录所涉及的信息都截止到2020年12月。

一、1972：湖北省革命委员会基本建设委员会第一建筑工程局（简称"湖北省建委第一工程局"）

1969年5月14日，建筑工程部（简称"建工部"）军事管制委员会决定，以原"北京市第三建筑公司"为基础，新调进"建工部第六工程局"（简称"六局"）第四工程处，"建工部第八工程局"（简称"八局"）第一工程公司、第八工程公司、第一机械施工公司、第一安装公司及局机关的一部分，"建工部机械化施工总公司"长春技校、土石方四个队等单位，承担十堰"第二汽车制造厂"（隶属一机部）、"东风轮胎厂"（隶属化工部）和新建城区民用建筑与市政项目的基建任务，组建"建筑工程部102工程指挥部"（简称"102"），下辖17个县团级单位。1972年12月，原"102"下辖的13个单位组建"湖北省建委第一工程局"。

1. 湖北省革命委员会基本建设委员会第一建筑工程局第一建筑工程公司

"湖北省建委第一工程局"第一建筑工程公司由原"102"下辖的第四工程团变更而来。"102"第四工程团由"八局"八公司第三工程处、第四工程处、直属队全建制，公司机关的部分职工，以及联合加工厂70%的人员和设备组建而成。

源流如下。

→1950年初成立公营"时代建筑公司"。

→1952年上半年改制成立的"华北基本建设工程公司天津分公司"下辖的第三土建工区（简称"三工区"），在天津市区承建天津大学、南开大学、天津师范大学等工程，党支部书记赵桂桐，主任胡仁甫，副主任赵桂桐（兼），主任工程师路延龄。

→1953年3月3日，"华北基本建设工程公司天津分公司"变更为"建工部华北直属第二建筑工程公司"（简称"华直二公司"），但原三工区仍名三工区。

→1955年4月，"华直二公司"与"建二师"合并组建"建工部华北包头工程总公司"（简称"包头总公司"），原三工区与原"建二师"六团三营合并，但仍名三工区。

→1955年6月，新的三工区全部调迁包头市，又改为"包头总公司"下辖的直属工区。

→1956年初，"包头总公司"在北京的第三工程处（简称"三处"，由1955年初"建工部"将华直三公司的第一、第二、第三工区划归而来）全部调迁包头。

→后来"包头总公司"为适应两个军工厂(六一七厂和四四七厂)的建设,将所辖五个工程处合并为第一工程处(简称"一处")、第二工程处(简称"二处"),原直属工区并入一处,参加六一七厂建设。

→1956年4月底,"包头总公司"又决定分为七个工程处,原一处的原直属工区变更为第三工程处(简称"三处"),此时党委书记刘景洲,副书记段映璋、杨锦江,处长李秉衡,副处长鲍文铭,主任工程师鲍文铭(兼),共有职工2100余人。

→1957年12月,"包头总公司"决定三处与七处合并,党委书记刘景洲,副书记李圈普、杨锦江、颜顺兴,处长李秉衡,副处长于正轩、高希文、杨琮,主任工程师鲍文铭,共有职工2800余人。

→1958年8月,"包头总公司"变更为"建工部包头工程局",至当年11月又变更为"建工部第二工程局"(简称"二局"),于是三处变更为"二局"下辖的"第三建筑工程公司"(简称"二局"三公司),此时党委书记刘景洲,副书记颜顺兴、朱冠儒,经理李秉衡,副经理杨自侠、郭如玺、于正轩、高希文,主任工程师杨自侠(兼),工会主席朱冠儒(兼)。在全国大跃进形势下,施工任务大量增加,为此当时"二局"三公司招收1000多名新工人,加上临时工1000多人,总人数达5000多人。

→1960年,根据国家调整国民经济的方针,从四季度开始精简职工,到1962年共精减职工1782人。

→1962年5月,"二局"决定"二局"三公司的二工区与"二局"五公司的一工区合并为新的"二局"三公司一工区,原一工区则改为二工区,共三个工区,此时党委书记李秉衡,副书记颜顺兴、盖清海、刘征,代经理侯全旺,副经理肖东儒、高希文、杨保金。

→1963年7月,"包头市第三建筑工程公司"(简称"包头市三建")与"二局"三公司合并组成新的"二局"三公司,合并后党委书记李秉衡,副书记李永顺、颜顺兴,代经理侯全旺,副经理于士俊、鲍文铭、高希文,主任工程师鲍文铭(兼),职工共2681人。

→1964年4月,"二局"四公司一工区并入。

→1964年5月,"二局"更名为"建工部华北工程管理局","二局"三公司变更为"华北工程管理局"下辖的"华北第八工程公司",并管辖原"二局"联合加工厂,此时党委书记赵克俭,副书记郭云武、李永顺,经理安恩达,副经理张恩文、于士俊、高希文,总会计师刘銮,主任工程师鲍文铭,职工总数5581人。

→1964年6月,"华北工程管理局"的轻质材料厂归入。

→1965年6月,"华北工程管理局"的建筑学校归入,更名为"华北第八工程公司技术学校"。

→1965年10月,"华北工程管理局"更名为"建工部第八工程局"(即"八局"),"华北第八工程公司"相应地改为"八局"下辖的"第八建筑工程公司"(简称"八局"八公司)。

→1965年12月,"八局"决定将轻质材料厂全建制移交建材部地方材料局。

→1966年1月"八局"八公司行政领导班子调整,经理安恩达,副经理杜更朝、周小英、于福来,总工程师李子雅。

→1966年4月,"八局"八公司召开首届党代会,选出新的党委会,党委书记郭云武,副书记李圈普、颜顺兴、王树清,政治部主任王树清(兼)。

→1968年4月,成立"八局"八公司革命委员会,主任李圈普,副主任于福来、于占武(群众代表)。

→1968年9月15日,经包头市革命委员会批准,成立"八局"八公司革命委员会党的核心小组,组长李圈普,成员有于福来、武佩忠。

→1968年12月,内蒙古军区包头"前指"宣布对"八局"八公司实行军管,"建工部"决定将"八局"八公司预制厂的轻枕生产系统移交铁道部,改为铁道部包头轨枕厂。

→1969年5月,"建工部"军事管制委员会决定从"八局"八公司抽调1100人支援湖北"红卫厂"("第二汽车制造厂"的秘称)建设,后又于11月抽调2000人前去参加,于是"八局"八公司第三工程处、第四工程处、直属队全建制,公司机关的部分职工,以及联合加工厂70%的人员和设备,共3100多人调往湖北,组成"102"下辖的第四工程团、第七工程团("八局"八公司剩余部分后来逐渐发展为"内蒙古第二建筑工程公司")。其中,第四工程团主要由"八局"八公司第三工程处、第四工程处、直属队全建制,公司机关的部分职工,以及联合加工厂70%的人员和设备组建而成。

→1973年1月,"102"第四工程团变更为"湖北省建委第一工程局"下辖的第一建筑工程公司。

→1974年,"湖北省建委第一工程局"木材加工厂划入。

2. 湖北省革命委员会基本建设委员会第一建筑工程局第二建筑工程公司

"湖北省建委第一工程局"第二建筑工程公司由原"102"下辖的第五工程团变更而来。"102"第五工程团由"建工部第六工程局"第四工程处组建而成。

源流如下。

→1953年5月，为长春"第一汽车制造厂"（六五二厂）建厂委员会工程公司101工区（后改为"建工部直属工程公司"101工区）。

→1956年1月，101工区编为第一工程处，调往富拉尔基承建"第一重型机器厂"。

→1958年10月，"建工部直属工程公司"改为"建工部第一工程局"（简称"一局"），原"建工部直属工程公司"下辖的第一工程处、第五工程处合并为"一局"下辖的第三工程公司（简称"一局"三公司），并被调入四川参加"德阳重型机器厂"等项目的建设。

→1960年11月，"一局"三公司改组为"六局"下辖的第三工程公司（简称"六局"三公司），并离开四川德阳，北上内蒙古扎兰屯，承建内蒙古布特哈旗"新北机械厂"。

→1963年2月，"六局"三公司被撤销，并被改组成"六局"下辖的第四工程处（简称"六局"四处），调往黑龙江省滨洲铁路线的一处养路工区龙凤参加"大庆炼油厂"的建设。

→1969年，"六局"四处奉调十堰参加二汽建设，编为"102"下辖的第五工程团。

→1973年1月，"102"第五工程团变更为"湖北省建委第一工程局"下辖的第二建筑工程公司。

3. 湖北省革命委员会基本建设委员会第一建筑工程局第三建筑工程公司

"湖北省建委第一工程局"第三建筑工程公司由"102"下辖的第六工程团变更而来。"102"第六工程团以"八局"一公司为主组建而成。

源流如下。

→1950年初成立公营"时代建筑公司"。

→1952年上半年改制成立的"华北基本建设工程公司天津分公司"下辖的四个土建工区中的一部分。

→1953年3月3日，"华北基本建设工程公司天津分公司"变更为"建工部华北直属第二建筑工程公司"（简称"华直二公司"）。

→1954年6月20日，中央决定由"华直二公司"和"建二师"承担包头工业基地的建设任务。6月下旬，参谋长李安常率领的六团二营及"华直二公司"配属的管理干部、辅导员作为先遣队，由天津到达包头。这些人就被暂时编为"华直二公司"下辖的第五土建工区（简称"五工区"）。7月6日团长柴映堂带领另两个营（包括"华直二公司"二工区部分干部和工人）由河北故城也到达包头。7月底，配属六团的四团一营也到达包头。这一时期五工区党委书记（即六团政委）段英章，主任（即六团团长）柴映堂，副主任（即六团副团长）郑利丰、李安常（即六团参谋长），主任工程师许泽民。

→1955年4月，"华直二公司"与"建二师"合并组建"建工部华北包头工程总公司"（即"包头总公司"），五工区与二工区的300余名职工组成"包头总公司"的第一工程处（简称"一处"），第一任党委书记吕文山，副书记段英章，副处长柴映堂（代行处长职权）、郑利丰、李安常，副主任工程师许泽民，职工全员2100人。

→1956年，承担长春第一汽车制造厂和哈尔滨飞机制造厂的建设任务的"建工部"直属工程公司104工区（原为"建二师"五团）、106工区先后调到包头，于是"包头总公司"由下属四个工程处增加到六个工程处。

→1956年7月，"包头总公司"为集中兵力搞好两个军工厂（六一七厂和四四七厂）的建设，将六个工程处合并为承建六一七厂的第一工程处（简称"一处"）和承建四四七厂的第二工程处（简称"二处"）。其中，一处包括原二工区、原五工区以及原直属工区等，总人数达5945人，一处党委书记吕文山，处长贾淮舟，副处长龙洪亮、柴映堂、李安常，主任工程师祝炯，副主任工程师许泽民（一处后于1958年改成"二局"一公司、"二局"二公司，原直属工区先改为三处后又于1958年改成"二局"三公司）；二处包括原一工区、原"建工部"直属工程公司103工区、原"建二师"四团的一部分等，二处党委书记曹云祥，副处长张银则（二处主要力量后于1958年改成"二局"四公司、"二局"五公司）。

→1956年9月，"包头总公司"因力量过分集中，指挥上不适应现场型施工的需要，又决定分为六个工程处，并集中土方、混凝土和管道施工力量成立第七工程处，原一处的原直属工区变更为第三工程处（简称"三处"），此时一处党委书记贾淮舟（兼任"包头总公司"副经理），副书记张培生，副处长柴映堂、朱兆祥、李安常，主任工程师祝炯，副主任工程师许泽民，职工人数减至1729人。

→1958年1月，"建工部"和电力工业部决定将电力工业部北京基建局第一工程处土建部分的施工队伍近600人合并到"包头总公司"一处，此时一处党委书记张培生，副书记王书杰，处长杨玉亭，副处长柴映堂、武明文、李安常，主任工程师祝炯，副主任工程师王式祯、许泽民。

→1958年7月，朱德亲临六一七厂"二局"一公司施工的所有工地，并接见公司代表，为总公司亲笔题写"多快好省地建设工厂"。

→1958年8月,"包头总公司"变更为"建工部包头工程局",11月又变更为"二局",于是一处变更为"二局"下辖的"第一建筑工程公司"(简称"二局"一公司),总人数达5269人,其中管理干部387人。

→1959年10月,基本按期完成所担负的在包头的建设任务。

→1959年11月,根据"二局"决定,"二局"一公司先由其二工区开始逐渐由包头向呼和浩特转移,承担呼和浩特市钢铁厂、河西公司等工业和国防重点项目的建设。

→因1958年以来的大建设大招工,1960年职工总数猛增到5260人。

→1961年上半年,"二局"一公司全部转入呼和浩特市。

→1961年至1962年,根据国家调整国民经济的形势,先后精减职工3059人支援农业第一线,至1962年底职工总数降到1685人。

→1963年6月,为加强建筑力量的统一指挥,经"二局"和内蒙古自治区建设厅决定,自治区建设厅建筑工程公司干部380人、工人1400人并入"二局"一公司,职工总数增加到3500人。

→1964年5月3日,"建工部"撤销"二局"和山西省建筑总公司,改建为"建工部华北工程管理局",原"二局"一公司、四公司全建制合并组建成"华北工程管理局"下辖的"华北第一工程公司",合并后党委书记杨官义,副书记张培生、胡七恒、郭连峰,经理张育才,副经理柴映堂、马洪训、郭玉祥、边昭瑞、李在泉,职工总数达6300人。

→1965年4月30日,"华北工程管理局"以及内蒙古自治区计委、建设厅共同决定将"华北第一工程公司"第三工程处、维修队和水电处五个安装小组共计1012名职工和相应的机械设备、房产一并下放自治区建设厅。

→1965年10月1日,"华北工程管理局"更名为"建工部第八工程局"(即"八局"),"华北第一工程公司"相应地改为"八局"下辖的"第一建筑工程公司"(简称"八局"一公司)。

→1967年8月31日,经内蒙古自治区革命委员会筹备小组第13次全体会议批准,成立公司革命委员会,委员会由27人组成,主任委员霍道余,副主任委员边昭瑞、陈希贤。

→1969年11月,根据"建工部"决定,"八局"一公司以其四处为基础抽调1652名职工(其中干部188名)和相应的设备组成一个团的建制前往湖北十堰支援"二"汽建设,后被编为"102"下辖的第六工程团("八局"一公司剩余部分后来逐渐发展为"内蒙古第一建筑工程公司")。

→1973年1月,"102"第六工程团变更为"湖北省建委第一工程局"下辖的第三建筑工程公司。

4. 湖北省革命委员会基本建设委员会第一建筑工程局第四建筑工程公司

"湖北省建委第一工程局"第四建筑工程公司由原"102"下辖的第七工程团变更而来。"102"第七工程团由"八局"八公司第二工程处、公司机关的部分人员、技校的部分人员组建而成。

源流如下。

→1969 年之前源流同第四工程团。

→1969 年 5 月，"建工部"军事管制委员会决定从"八局"八公司抽调 1100 人支援湖北"红卫厂"（"第二汽车制造厂"的秘称）建设，后又于 11 月抽调 2000 人前去参加，于是"八局"八公司第三工程处、第四工程处、直属队全建制，公司机关的部分职工，以及联合加工厂 70% 的人员和设备，共 3100 多人调往湖北，组成"102"下辖的第四工程团、第七工程团（"八局"八公司剩余部分后来逐渐发展为"内蒙古第二建筑工程公司"）。其中，第七工程团主要由"八局"八公司第二工程处、公司机关的部分人员、技校的部分人员组建而成。

→1973 年 1 月，"102"第七工程团变更为"湖北省建委第一工程局"下辖的第四建筑工程公司，原"102"第二工程团和原"102"构件厂中从北京来的职工调回北京后，留下的 1600 人转入该公司。

→1974 年，"湖北省建委第一工程局"混凝土预制构件厂划入。

5. 湖北省革命委员会基本建设委员会第一建筑工程局工业设备安装公司

"湖北省建委第一工程局"工业设备安装公司由原"102"下辖的第二安装团变更而来。"102"第二安装团由"八局"下辖的第一安装公司组建而成。

源流如下。

→1952 年 4 月，23 兵团 37 军 109 师整编为"建二师"，编入中央总建筑处。

→1952 年 9 月，"建二师"部分专业力量转入新组建的中央"第二机械工业部第八工程处"（驻地在沈阳市）。

→1953 年，中央"第二机械工业部第八工程处"设立工业设备安装公司、管道安装公司和电气工程处。

→1954 年 1 月，中央"第二机械工业部第八工程处"在"一汽"的施工队伍，归"建工部"直属工程公司（驻地在长春市）109 工区领导。

→1954 年 3 月，中央"第二机械工业部第八工程处"变更为"建工部"建筑安装工程总局东北工业设备安装公司，其驻地仍在沈阳市。

→1955年3月,"建工部"建筑安装工程总局东北工业设备安装公司在"一汽"施工,"建工部"直属工程公司109工区领导的1300余人被划出,组建"建工部"第一卫生设备安装工程公司(109工区其余人员组建为"建工部"第一机电安装工程公司)。

→1956年1月,"建工部"第一卫生设备安装工程公司由长春市迁到太原市,下设4个工程处。

→1957年6月,"建工部"第一卫生设备安装工程公司第四工程处与"建工部"建筑安装工程总局直属包头电气处合并,组建"建工部"第二工业设备安装公司,其驻地为包头市。

→1958年8月,"建工部"第二工业设备安装公司划归"建工部包头工程局"领导,成为"建工部包头工程局"工业设备安装公司。

→1958年11月,"建工部包头工程局"变更为"二局",于是"建工部"第二工业设备安装公司变更为"二局"工业设备安装公司。

→1964年5月,"二局"与"山西省建筑总公司"合并,组建以原"二局"为主的"建工部华北工程管理局",于是原"山西省建筑总公司"的部分安装力量合并至"建工部华北工程管理局"工业设备安装公司。

→1965年9月,"建工部华北工程管理局"变更为"八局"。

→1965年10月,原"建工部华北工程管理局"工业设备安装公司一分为二。其中,原公司第一、第二、第三工程处,加工厂,以及公司机关人员组建"八局"第一安装公司,其驻地为包头市;原公司第四、第五工程处,直属工区,以及半工半读专业技术学校组建"八局"第二安装公司,其驻地为太原市。

→1969年5月,"八局"第一安装公司奉命抽调迁余人前往十堰参加"二汽"建设。

→1970年上半年,"八局"第一安装公司大批人员奔赴十堰,组建"102"下辖的第二安装团。

→1973年1月,"102"第二安装团变更为"湖北省建委第一工程局"下辖的工业设备安装公司。

6. 湖北省革命委员会基本建设委员会第一建筑工程局机械运输公司

"湖北省建委第一工程局"械运输公司由原"102"下辖的机械运输团变更而来。"102"机械运输团由"八局"第一机械运输公司、"北京三建"机械运输队、"北京建工局"机械公司汽车一厂组建而成。

源流如下。

→1950年初成立的公营"时代建筑公司"下辖的"汽车运输队"。

→1952 年，变更为"华直二公司"下辖的"汽车运输队"。

→1954 年，与"建二师"后勤部警通连合并。

→1955 年，"华直三公司"在包头的汽车队、"包头总公司"下辖的"运输管理处"并入，组建"包头总公司"下辖的"运输大队"（下设 3 个汽车中队、1 个马车队、1 个汽车修理队）。

→1956 年，更名为"包头总公司"下辖的"运输公司"。

→1958 年，与"包头总公司"下辖的机械供应站合并，组建"二局"下辖的"机械化施工公司"。

→1964 年，与太原机械供应站合并，组建"华北工程管理局"下辖的"华北机械施工公司"。

→1965 年，被"建工部"和"八局"（由"华北工程管理局"变更而来）分为第一至第四这四个"机械运输公司"，其中"第一机械运动公司"驻包头，并划归"八局"。

→"八局"第一机械运输公司与"北京三建"机械运输队、"北京建工局"机械公司汽车一厂分别于 1966 年、1969 年分两个批次入驻十堰，组建"102"下辖的机械运输团

→1973 年 1 月，"102"机械运输团变更为"湖北省建委第一工程局"下辖的机械运输公司

7. 湖北省革命委员会基本建设委员会第一建筑工程局土石方工程公司

"湖北省建委第一工程局"土石方工程公司由原"102"下辖的土石方工程团变更而来。"102"土石方工程团由"建工部"机械施工总公司在中南、西南地区的主要施工队伍组建而成。

源流如下。

→1949 年 12 月，在武汉组建，隶属中央机械筑路工程总队，后划归"建工部机械施工总局"。

→1956 年，并入"建工部机械施工总公司"（下设"机械化施工公司""土石方工程公司""基础工程公司""工业凿井公司"）。

→1958 年，"建工部机械施工总公司"下辖的"第二土石方工程公司"的第 21 施工大队，"第三土石方工程公司"的第 22、31 施工大队，以及配属的一些单位，组建全新的"建工部机械施工总公司"下辖的"第二土石方工程公司"。

→1966 年，3 个施工大队编入新成立的兵种——中国人民解放军基本建设工程兵（简称"基建工程兵"），成为第 21、22、31 支队，但业务上分别接受国务院各专业部委指导和管理。

→1967年，3个支队的前期施工力量从当阳机场整体转入郧阳地区，配合"二汽"建设的前期基础施工工作。

→1969年，3个支队入驻十堰，成为"102"下辖的土石方工程团。

→1973年1月，"102"土石方工程团变更为"湖北省建委第一工程局"下辖的土石方工程公司。

8. 湖北省革命委员会基本建设委员会第一建筑工程局机械修配厂

"湖北省建委第一工程局"机械修配厂由原"102"下辖的"机械修配厂"变更而来。"102"机械修配厂组建于1969年。

源流如下。

→1969年8月25日，"建工部"军事管制委员会决定，调沈阳建筑工业学校参加"二汽"建设，组建"102"下辖的"机械修配厂"。

→后又调进北京建筑技工学校和"基建工程兵"第21支队部分人员，在湖北松滋招收的一批复转军人，从沈阳建筑工业学校、北京建筑技工学校招收的一批学徒工，总人数达1100人。

→1973年，来自沈阳建筑工业学校、北京建筑技工学校的职工大部分调回原校。

→1973年1月，"102"机械修配厂变更为"湖北省建委第一工程局"下辖的机械修配厂。

9. 湖北省革命委员会基本建设委员会第一建筑工程局木材加工厂

"湖北省建委第一工程局"木材加工厂由原"102"下辖的木材加工厂变更而来。"102"木材加工厂由北京新京木材厂、"北京三建"的部分队伍组建而成。

源流如下。

→1967年，北京新京木材厂、"北京三建"部分队伍入驻十堰，参加"二汽"建设。

→1969年，编为"102"下辖的木材加工厂。

→1970年，在湖北招收青年工人近200人，职工人数达到500多人。

→1972年底，从北京调来的职工调回北京。

→1973年1月，"102"木材加工厂变更为"湖北省建委第一工程局"下辖的木材加工厂。

→1974年，"湖北省建委第一工程局"木材加工厂划归"湖北省建委第一工程局"第一建筑工程公司，后又于1982年划归"湖北省第一建工局"第三建筑工程公司。

10. 湖北省革命委员会基本建设委员会第一建筑工程局混凝土预制构件厂

"湖北省建委第一工程局"混凝土预制构件厂由原"102"下辖的构件厂变更而来。"102"构件厂由"北京三建"西郊构件厂、"八局"轻质材料厂、"八局"八公司在海勃湾的构件厂各一部分组建而成。

源流如下：

→1967年前后，"北京三建"西郊构件厂、"八局"轻质材料厂、"八局"八公司在海勃湾的构件厂各一部分入驻十堰，参加"二汽"建设。

→1969年，编为"102"下辖的混凝土预制构件厂。

→1970年，在湖北招收青年工人近200人，职工人数达到700多人。

→1972年底，从北京调来的职工陆续调回北京。

→1973年1月，"102"混凝土预制构件厂变更为"湖北省建委第一工程局"下辖的混凝土预制构件厂。

→1974年，"湖北省建委第一工程局"混凝土预制构件厂划归"湖北省建委第一工程局"第四建筑工程公司，后又于1980年划归"湖北省第一建工局"第三建筑工程公司。

11. 湖北省革命委员会基本建设委员会第一建筑工程局建筑科学研究所

"湖北省建委第一工程局"建筑科学研究所由原"102"下辖的建筑科学研究所变更而来。"102"建筑科学研究所由"包头总公司""二局""八局"的建筑科学研究所组建而成。

源流如下：

→"包头总公司""二局""八局"的建筑科学研究所。

→1969年，入驻十堰，参加"二汽"建设，编为"102"下辖的建筑科学研究所。所长、书记为刘子厚，全所有职工70多人。

→1973年1月，"102"建筑科学研究所变更为"湖北省建委第一工程局"下辖的建筑科学研究所，与新组建的"湖北省建委第一工程局"下辖的技术处是一个机构两块牌子的关系。

12. 湖北省革命委员会基本建设委员会第一建筑工程局材料供应处

"湖北省建委第一工程局"材料供应处由原"102"下辖的材料供应处变更而

来。"102"材料供应处由"建工部"材料公司三站、"六局"四处两单位的一部分组建而成。

源流如下。

→1969年,"建工部"材料公司三站193人、"六局"四处部分人员入驻十堰,参加"二汽"建设,编为"102"下辖的材料供应处,与"二汽"基建材料处合署办公。

→1973年1月,"102"材料供应处变更为"湖北省建委第一工程局"下辖的材料供应处。

→1974年9月,与"二汽"基建材料处分开。

13. 湖北省革命委员会基本建设委员会第一建筑工程局职工医院

"湖北省建委第一工程局"职工医院由原"102"下辖的职工医院变更而来。"102"职工医院由北京市配备的小型医院、"八局"包头职工医院的一部分组建而成。

源流如下。

→1966年8月22日,国家基本建设委员会确定由北京市配备100张病床的小型医院(包括相应的医疗设备和人员)一个,参加"二汽"建设。

→1967年开始,"北京三建"委派公司卫生科徐肖翔组建"'102'职工医院筹备小组"。

→1968年,"102"职工医院由"北京三建"一工区(后属"102"第一工程团三营)动工兴建,并于1969年9月交付使用。

→1969年,"八局"包头职工医院一批医务人员和医疗设备加入,"102"职工医院基本筹建完毕。

→1969年10月,拥有120张病床的"102"职工医院正式开始收治病人。

→1972年底,来自北京的医务人员陆续调回北京。

→1973年1月,"102"职工医院变更为"湖北省建委第一工程局"下辖的职工医院。

二、1975：湖北省第一建筑工程局（简称"湖北省第一建工局"）

1975年3月15日,原"湖北省建委第一工程局"下辖的11个单位(原"湖北省建委第一工程局"木材加工厂、混凝土预制构件厂后来分别归入"湖北省建委第一工程局"第一建筑工程公司、第四建筑工程公司)组建"湖北省第一建工局"。1975年10月,"湖北省建委第一工程局"新增一个下辖单位,即技工学校。1980年10月,"湖北省第一建工局"下辖的第四建筑工程公司划归国家"建筑工程总局第六工程局",建制随后撤销。

1976年7月,河北唐山发生特大地震。国家基本建设委员会决定,由"湖北省第一建工局"组织施工队伍,配备必要的设备,支援天津抗震救灾,恢复生产。由此,"湖北省第一建工局"第二建筑工程公司、第四建筑工程公司、局机关及其他下属单位抽调人员先后前往天津塘沽、汉沽担负灾后重建任务。根据抗震救灾的需要,"湖北省第一建工局"成立"支援天津抗震救灾工程指挥部",参加灾后重建。1976年12月27日,经十堰市委批准,又成立"中共湖北省第一建筑工程局支援天津抗震救灾工程指挥部临时委员会"。从支援天津抗震救灾时开始,"湖北省第一建工局"陆续将一万多职工调往天津,俨然分为"南北局":南局(总部所在)驻十堰,北局(抗震救灾指挥部所在)驻天津。

1980年10月,经中共湖北省委批准,在"湖北省支援天津建设指挥部"任职的领导不再担任"湖北省第一建工局"的领导职务。不久之后,经国务院批准,"湖北省第一建工局"奔赴天津地区支援抗震救灾的施工队伍调离"湖北省第一建工局",组建国家"建筑工程总局第六工程局"。其中,第二建筑工程公司成建制被划走,而第四建筑工程公司则被划走绝大部分人员。由此,湖北省委对"湖北省第一建工局"的领导班子进行了调整。新的领导班子随后对"湖北省第一建工局"留在湖北的施工力量进行了重新整合,第四建筑工程公司最终建制撤销。至此,"湖北省第一建工局"的"南北局"正式分家。

1. 湖北省第一建筑工程局第一建筑工程公司

"湖北省第一建工局"第一建筑工程公司由原"湖北省建委第一工程局"下辖的第一建筑工程公司变更而来。

源流如下。

→1982年,下辖的木材加工厂划归"湖北省第一建工局"第三建筑工程公司。

2. 湖北省第一建筑工程局第二建筑工程公司

"湖北省第一建工局"第二建筑工程公司由原"湖北省建委第一工程局"下辖的第二建筑工程公司变更而来,中途被划走整个建制,后又重新整合组建。

源流如下。

→1976年9月,"湖北省第一建工局"第二建筑工程公司调往天津市汉沽区参加唐山大地震后的抗震救灾建设。

→1980年10月，整建制划归国家"建筑工程总局第六工程局"。

→1982年2月，"湖北省第一建工局"抽调第三建筑工程公司二处、第三建筑工程公司一处一个施工队、第三建筑工程公司三处一个施工队，留在湖北的第四建筑工程公司直属队、第一建筑工程公司三处和这两个公司的机运站、加工厂、机关的部分职工，组建成新的"湖北省第一建工局"下辖的第二建筑工程公司。

3. 湖北省第一建筑工程局第三建筑工程公司

"湖北省第一建工局"第三建筑工程公司由原"湖北省建委第一工程局"下辖的第三建筑工程公司变更而来。

→1980年，"湖北省第一建工局"第四建筑工程公司下辖的混凝土预制构件厂划入。

→1982年，"湖北省第一建工局"第一建筑工程公司下辖的木材加工厂划入。

4. 湖北省第一建筑工程局第四建筑工程公司

"湖北省第一建工局"第四建筑工程公司由原"湖北省建委第一工程局"下辖的第四建筑工程公司变更而来，中途被划走绝大部分人员，最后建制撤销。

源流如下。

→1976年7月，绝大部分人员都奉命调往天津市宁河县芦台镇，承担唐山大地震后的抗震救灾建设任务。

→1980年10月，支援天津抗震救灾建设的人员划归国家"建筑工程总局第六工程局"。同时，下辖的混凝土预制构件厂划归"湖北省第一建工局"第三建筑工程公司。

→最终，"湖北省第一建工局"第四建筑工程公司的建制撤销。

5. 湖北省第一建筑工程局工业设备安装公司

"湖北省第一建工局"工业设备安装公司由原"湖北省建委第一工程局"下辖的工业设备安装公司变更而来。

源流如下。

→1976年9月，"湖北省第一建工局"工业设备安装公司选派一支施工队会同兄弟单位奔赴天津，参加唐山大地震后的抗震救灾建设，后来该队伍于1980年10月划归国家"建筑工程总局第六工程局"。

6. 湖北省第一建筑工程局机械运输公司、机械化施工运输公司

"湖北省第一建工局"机械运输公司由原"湖北省建委第一工程局"下辖的机械运输公司变更而来,后与"湖北省第一建工局"下辖的土石方工程公司合并,组建"湖北省第一建工局"机械化施工运输公司。

源流如下。

→1977年,与"湖北省第一建工局"下辖的土石方工程公司合并,组建"湖北省第一建工局"下辖的机械化施工运输公司。

→1980年,原土石方工程公司从中分离,由此按原有建制恢复公司名称,定名为"湖北省第一建工局"机械运输公司。

→1980年10月,"湖北省第一建工局"机械运输公司调出部分职工、机械设备到天津塘沽,组建国家"建筑工程总局第六工程局"下辖的机械化施工公司。

7. 湖北省第一建筑工程局土石方工程公司

"湖北省第一建工局"土石方工程公司由原"湖北省建委第一工程局"下辖的土石方工程公司变更而来。

源流如下。

→1977年,与"湖北省第一建工局"下辖的机械运输公司合并,组建"湖北省第一建工局"下辖的机械化施工运输公司。

→1980年,从"湖北省第一建工局"下辖的机械化施工运输公司分离,更名为"湖北省第一建工局"土石方工程公司。

8. 湖北省第一建筑工程局机械修配厂、湖北振动器厂

"湖北省第一建工局"机械修配厂由原"湖北省建委第一工程局"下辖的机械修配厂变更而来,后又变更为"湖北省第一建工局"下辖的湖北振动器厂。

源流如下。

→1980年9月,"湖北省第一建工局"机械修配厂变更为"湖北省第一建工局"下辖的湖北振动器厂。

9. 湖北省第一建筑工程局建筑科学研究所、建筑设计所

"湖北省第一建工局"建筑科学研究所由原"湖北省建委第一工程局"下辖的建筑科学研究所变更而来,后又变更为"湖北省第一建工局"建筑设计所。

源流如下。

→1981年,"湖北省第一建工局"建筑科学研究所机构及其部分人员划归国家"建筑工程总局第六工程局",剩余力量组建"湖北省第一建工局"下辖的建筑设计所。

10. 湖北省第一建筑工程局材料供应处、材料设备公司

"湖北省第一建工局"材料供应处由原"湖北省建委第一工程局"下辖的"材料供应处"变更而来,后与"湖北省第一建工局"设备处合并,组建"湖北省第一建工局"材料设备公司。

源流如下。

→1984年2月,与"湖北省第一建工局"设备处合并,组建"湖北省第一建工局"下辖的材料设备公司。

11. 湖北省第一建筑工程局职工医院

"湖北省第一建工局"职工医院由原"湖北省建委第一工程局"下辖的职工医院变更而来。

源流如下。

→1982年6月,职工医院由十堰市迁到襄樊市。

12. 湖北省第一建筑工程局技工学校、职工中等专业学校

"湖北省第一建工局"技工学校由沈阳建筑工业学校、北京建筑技工学校、"八局"八公司技校支援湖北"三线建设"的部分教师、工程技术人员组建而成。

源流如下。

→1973年10月,"湖北省建委第一工程局"向"湖北省建委"提交《关于开办技工学校的请示》,拟开办三百至五百人规模的半工半读技工学校,校址设在枣阳基地。

→1975年3月,"湖北省建委第一工程局"向"湖北省计委"并"湖北省建委"提交《关于申请筹办技工学校的报告》,拟开办规模六百人、学制两年的技工学校,校址设在襄樊市。

→1975年10月,湖北省革命委员会《关于省建委恢复和新建技工学校的批复》,同意设立"湖北省第一建工局"技工学校,学制两年,规模四百人。

→1975年12月,"湖北省第一建工局"下发《关于成立湖北省第一建筑工程局技工学校并启用印章的通知》。

→1981年,办学地点迁到枣阳基地。

→1983年，经湖北省教育委员会批准，变更为"湖北省第一建工局"职工中等专业学校，开始招收成人中专生。

三、1984：湖北省工业建筑总公司（简称"湖北工建总公司"，惯称"湖北工建"）

1984年9月19日，原"湖北省第一建工局"下辖的11个单位（原"湖北省第一建工局"第四建筑工程公司的建制撤销）组建"湖北工建总公司"。1990年，"湖北工建总公司"新增一个下辖单位，即湖北建设监理公司。

1. 湖北省工业建筑总公司第一建筑工程公司

"湖北工建总公司"第一建筑工程公司由原"湖北省第一建工局"下辖的第一建筑工程公司变更而来。

2. 湖北省工业建筑总公司第二建筑工程公司、天华建筑工程公司

"湖北工建总公司"第二建筑工程公司由原"湖北省第一建工局"下辖的第二建筑工程公司变更而来，中途被划走而建制撤销，后又回归，变更为"湖北工建总公司"天华建筑工程公司。

源流如下。

→1989年11月，"湖北工建总公司"第二建筑工程公司并入武汉"长江动力集团"，变更为"长江动力集团"下辖的建筑工程公司。

→1995年5月，"长江动力集团"建筑工程公司回归"湖北工建总公司"，变更为"湖北工建总公司"下辖的天华建筑工程公司。

3. 湖北省工业建筑总公司第三建筑工程公司

"湖北工建总公司"第三建筑工程公司由原"湖北省第一建工局"下辖的第三建筑工程公司变更而来。

4. 湖北省工业建筑总公司工业设备安装公司

"湖北工建总公司"工业设备安装公司由原"湖北省第一建工局"下辖的工业设备安装公司变更而来。

5. 湖北省工业建筑总公司机械运输公司

"湖北工建总公司"机械运输公司由原"湖北省第一建工局"下辖的机械运输公司变更而来。

6. 湖北省工业建筑总公司土石方工程公司

"湖北工建总公司"土石方工程公司由原"湖北省第一建工局"下辖的土石方工程公司变更而来。

7. 湖北省工业建筑总公司湖北振动器厂、湖北工程机械厂

"湖北工建总公司"湖北振动器厂由原"湖北省第一建工局"下辖的湖北振动器厂变更而来,后又变更为"湖北工建总公司"湖北工程机械厂。

源流如下。

→1993年,"湖北工建总公司"湖北振动器厂变更为"湖北工建总公司"下辖的湖北工程机械厂。

8. 湖北省工业建筑总公司建筑设计所、建筑科研设计院

"湖北工建总公司"建筑设计所由原"湖北省第一建工局"下辖的建筑设计所变更而来,后又变更为"湖北工建总公司"建筑科研设计院。

源流如下。

→1992年,"湖北工建总公司"建筑设计所变更为"湖北工建总公司"下辖的建筑科研设计院。

9. 湖北省工业建筑总公司材料设备公司、物资公司

"湖北工建总公司"材料设备公司由原"湖北省第一建工局"下辖的材料设备公司变更而来,后又变更为"湖北工建总公司"物资公司。

源流如下。

→1993年,"湖北工建总公司"材料设备公司变更为"湖北工建总公司"下辖的物资公司。

10. 湖北省工业建筑总公司职工医院

"湖北工建总公司"职工医院由原"湖北省第一建工局"下辖的职工医院变更而来。

11. 湖北省工业建筑总公司职工中等专业学校

"湖北工建总公司"职工中等专业学校由原"湖北省第一建工局"下辖的职工中等专业学校变更而来。

源流如下。

→1988年，办学地点迁回襄樊。开办电大教学班，从而形成职工中专、技工学校、电大教学班"三位一体"的办学模式。

→1993年，建设部确定学校为施工企业项目经理培训点。

12. 湖北建设监理公司

湖北建设监理公司由原湖北工程承包公司变更而来。

源流如下。

→1985年，湖北省人民政府委托湖北省建设厅组建湖北工程承包公司，作为一家项目管理代建工程承包公司。

→1990年，湖北工程承包公司转型监理业务，变更为湖北建设监理公司，由"湖北工建总公司"行使管理职能。

四、1996：湖北省工业建筑总承包集团公司（简称"湖北工建总承包集团"，惯称"湖北工建"）

1996年5月17日，原"湖北工建总公司"下辖的12个单位组建"湖北工建总承包集团"。

1. 湖北省工业建筑总承包集团第一建筑工程公司

"湖北工建总承包集团"第一建筑工程公司由原"湖北工建总公司"下辖的第一建筑工程公司变更而来。后来，第一建筑工程公司逐渐停止经营活动。

2. 湖北省工业建筑总承包集团天华建筑工程公司

"湖北工建总承包集团"天华建筑工程公司由原"湖北工建总公司"下辖的天华建筑工程公司变更而来。

3. 湖北省工业建筑总承包集团第三建筑工程公司

"湖北工建总承包集团"第三建筑工程公司由原"湖北工建总公司"下辖的第三建筑工程公司变更而来。

4. 湖北省工业建筑总承包集团工业设备安装公司

"湖北工建总承包集团"工业设备安装公司由原"湖北工建总公司"下辖的工业设备安装公司变更而来。

5. 湖北省工业建筑总承包集团机械运输公司、土木建筑工程公司

"湖北工建总承包集团"机械运输公司由原"湖北工建总公司"下辖的机械

运输公司变更而来,后又变更为"湖北工建总承包集团"土木建筑工程公司。

源流如下。

→2000年8月,"湖北工建总承包集团"机械运输公司变更为"湖北省工业建筑总承包集团公司"下辖的土木建筑工程公司。

6. 湖北省工业建筑总承包集团机械化施工公司

"湖北工建总承包集团"机械化施工公司由原"湖北工建总公司"下辖的土石方工程公司变更而来。

7. 湖北省工业建筑总承包集团湖北工程机械厂

"湖北工建总承包集团"湖北工程机械厂由原"湖北工建总公司"下辖的湖北工程机械厂变更而来。

8. 湖北省工业建筑总承包集团建筑科研设计院

"湖北工建总承包集团"建筑科研设计院由原"湖北工建总公司"下辖的建筑科研设计院变更而来。后来,建筑科研设计院逐渐停止经营活动。

9. 湖北省工业建筑总承包集团物资公司

"湖北工建总承包集团"物资公司由原"湖北工建总公司"下辖的物资公司变更而来。后来,物资公司逐渐停止经营活动。

10. 湖北省工业建筑总承包集团职工医院

"湖北工建总承包集团"职工医院由原"湖北工建总公司"下辖的职工医院变更而来。

源流如下。

→2007年,职工医院改制为地方民营医院(但有一段时间仍沿用原名称),后变更为襄阳健桥医院。

11. 湖北省工业建筑总承包集团职工中等专业学校、湖北省工业建筑学校

"湖北工建总承包集团"湖北省工业建筑学校由原"湖北工建总公司"下辖的职工中等专业学校变更而来。

源流如下。

→1997年4月,经湖北省教育委员会和湖北省计划委员会批准,"湖北工建

总承包集团"下辖的职工中等专业学校变更为"湖北工建总承包集团"湖北省工业建筑学校，面向全国招收普通中专生。

→2005年，被教育部认定为国家级重点中等职业学校。

12. 湖北建设监理公司

湖北建设监理公司由原"湖北工建总公司"下辖的湖北建设监理公司变更而来。

五、2006：湖北省工业建筑集团有限公司（简称"湖北工建集团"，惯称"湖北工建"）

2006年12月31日，"湖北工建总承包集团"实施完成"三个一块"的整体改制方案，即对总承包集团公司、工业设备安装公司、物资公司、机械化施工公司和湖北建设监理公司5家单位进行资产重组，注册成立全新的"湖北工建集团"，在原有公司的基础上设立土建、安装、基础施工和电梯制造、钢结构加工等子公司；将天华建筑工程公司、第三建筑工程公司、土木建筑工程公司、湖北工程机械厂4家单位改制为民有民营的有限责任公司（第三建筑工程公司后来未改）；将第一建筑工程公司的职工妥善安置后注销该公司。原"湖北工建总承包集团"下辖的单位，以及改制后"湖北工建集团"成立的多家非独立法人公司（事业部）、独立法人公司和湖北省人民政府国有资产监督管理委员会先后划入的多家子公司，截至2020年12月，先后有27个。

1. 湖北省工业建筑集团工程总承包公司

"湖北工建集团"工程总承包公司成立于2010年9月，后于2011年1月正式运营。该公司作为"湖北工建集团"的主体经营单位，代表"湖北工建集团"直接经营。

2. 湖北省工业建筑集团国际工程公司

"湖北工建集团"国际工程公司成立于2010年9月，2011年1月正式运营。该公司为"湖北工建集团"应对激烈市场竞争、规范海外市场管理、规避海外市场风险的海外工程主体经营单位。

3. 湖北省工业建筑集团有限公司安装事业部

"湖北工建集团"安装事业部成立于2017年9月。

4. 湖北省工业建筑集团有限公司基础设施事业部

"湖北工建集团"基础设施事业部成立于2017年10月。

5. 湖北省工业建筑集团有限公司设计咨询分公司、设计研究院

"湖北工建集团"设计咨询分公司成立于2017年11月,后于2020年9月变更为"湖北工建集团"设计研究院。

6. 湖北省工业建筑集团第三建筑工程有限公司

"湖北工建集团"第三建筑工程有限公司由原"湖北工建总承包集团"下辖的第三建筑工程公司于2017年12月改制变更而来。

7. 湖北省工业建筑集团安装工程有限公司

"湖北工建集团"安装工程有限公司由原"湖北工建总承包集团"下辖的工业设备安装公司于2008年改制变更而来。

8. 湖北工建基础设施建设有限公司

湖北工建基础设施建设有限公司由原"湖北工建总承包集团"下辖的机械化施工公司于2016年改制变更而来。

9. 湖北工建房地产有限公司

湖北工建房地产有限公司成立于2008年6月。

10. 湖北电梯厂有限公司

湖北电梯厂有限公司由原"湖北工建总承包集团"机械化施工公司下辖的湖北电梯厂变更而来,并且可追溯到原"湖北工建总公司"土石方工程公司下辖的湖北电梯厂。

源流如下。
→1985年,湖北电梯厂创建,隶属于"湖北工建总公司"土石方工程公司。
→1996年,"湖北工建总承包集团"机械化施工公司下辖湖北电梯厂。
→2010年6月,湖北电梯厂从"湖北工建总承包集团"机械化施工公司分离,直属"湖北工建集团"管理。
→2020年8月,湖北电梯厂完成公司化改制,变更为湖北电梯厂有限公司。

11. 湖北工建商品混凝土有限公司

湖北工建商品混凝土有限公司成立于 2011 年 4 月。

12. 中南勘察设计院（湖北）有限责任公司

中南勘察设计院（湖北）有限责任公司由原中南勘察设计院变更而来，并且可以追溯到原"建工部"勘察公司中南分公司。

源流如下。

→1955 年，组建"建工部"勘察公司中南分公司。

→1956 年，变更为"建工部"综合勘察中南分院。

→1971 年，变更为中南勘察设计院，划归湖北省管理。

→1973 年，变更为湖北综合勘察院。

→1985 年，变更为湖北勘察设计院。

→1988 年，变更为中南勘察设计院。

→2009 年，改制并更名为中南勘察设计院（湖北）有限责任公司。

→2011 年，湖北省人民政府国有资产监督管理委员会将中南勘察设计院（湖北）有限责任公司国有股权划入"湖北工建集团"。

→2018 年，湖北省人民政府国有资产监督管理委员会批复同意将"湖北工建集团"持有的部分国有股权划转至湖北省交通投资集团有限公司。湖北省交通投资集团有限公司增资并控股。

13. 湖北省航道工程有限公司

湖北省航道工程有限公司由原湖北省交通厅航道处变更而来，并且可以追溯到原湖北省交通厅内河航运管理局航道测量队。

源流如下。

→1952 年，湖北省交通厅内河航运管理局航道测量队。

→1965 年，改建为湖北省交通厅航道测量设计大队。

→1980 年，更名为湖北省交通厅航道处。

→1989 年，变更为湖北省航务管理局航道处。

→1995 年，实行湖北省航务管理局航道处和湖北省航道工程公司"一门两牌"。

→2010 年，改制，划转湖北省人民政府国有资产监督管理委员会。

→2013 年，湖北省人民政府国有资产监督管理委员会将湖北省航道工程公司资产划入"湖北工建集团"，管理工作暂交湖北省宏泰国有资产经营有限公司监管。

→2014年，取消湖北省航道工程公司双管体制，由"湖北工建集团"实行重组。

→2016年，改制为湖北省航道工程有限公司，成为"湖北工建集团"的全资子公司。

→2018年6月，"湖北工建集团"成立湖北工建环境工程公司，授权湖北省航道工程有限公司运营管理，实行"一门两牌"。

14. 湖北时代汽车有限公司

湖北时代汽车有限公司是湖北汽车集团在2004年改制后成立的新公司，后划归"湖北工建集团"管理。

源流如下。

→2005年，湖北时代汽车有限公司成立。

→2013年，湖北省人民政府国有资产监督管理委员会将湖北时代汽车有限公司划归"湖北工建集团"管理。

15. 中国湖北国际经济技术合作公司、湖北国际经济技术合作有限公司

中国湖北国际经济技术合作公司从原湖北省宏泰国有资本投资运营集团有限公司划转而来，后以此为基础成立"湖北工建集团"下辖的湖北国际经济技术合作有限公司。

源流如下。

→2014年，湖北省人民政府国有资产监督管理委员会将中国湖北国际经济技术合作公司从湖北省宏泰国有资本投资运营集团有限公司划入"湖北工建集团"。

→2015年，经湖北省人民政府批准，在中国湖北国际经济技术合作公司的基础上，由"湖北工建集团"下辖成立湖北国际经济技术合作有限公司。

→2017年，中国湖北国际经济技术合作公司划回湖北省宏泰国有资本投资运营集团有限公司。

16. 湖北建设监理有限公司

"湖北工建集团"湖北建设监理有限公司由原"湖北工建总承包集团"下辖的湖北建设监理公司于2016年改制变更而来。

17. 湖北工建楚泰设备租赁有限公司

湖北工建楚泰设备租赁有限公司由"湖北工建集团"、湖北众利工程机械

有限公司发起成立,后成为"湖北工建集团"的全资子公司。

源流如下。

→2017年1月,"湖北工建集团"与湖北众利工程机械有限公司发起成立。

→2017年12月,由"湖北工建集团"全资控股。

18. 湖北省工建国际融资租赁有限公司

湖北省工建国际融资租赁有限公司成立于2017年3月。

19. 湖北工建科技产业投资有限公司

湖北工建科技产业投资有限公司成立于2018年1月。

20. 湖北工建投资发展有限公司

湖北工建投资发展有限公司成立于2018年4月。

21. 湖北工建汉江工程有限公司

湖北工建汉江工程有限公司成立于2019年10月。

22. 湖北工建绿色材料投资有限公司

湖北工建绿色材料投资有限公司成立于2020年1月。

23. 湖北省工业建筑集团天华建筑工程有限公司

"湖北工建集团"天华建筑工程有限公司由原"湖北工建总承包集团"下辖的天华建筑工程公司变更而来,中途改制,后与"湖北工建集团"土木建筑工程有限公司合并,组建全新的"湖北工建集团"天华建筑工程公司。

源流如下。

→2007年,改制变更为"湖北工建集团"天华建筑工程有限公司。

→2018年,与"湖北工建集团"下辖的土木建筑工程有限公司合并,组建全新的"湖北工建集团"天华建筑工程有限公司。

24. 湖北省工业建筑集团土木建筑工程公司

"湖北工建集团"土木建筑工程有限公司由原"湖北工建总承包集团"下辖的土木建筑工程公司变更而来,中途改制,后与"湖北工建集团"天华建筑工程有限公司合并,组建全新的"湖北工建集团"天华建筑工程有限公司,原建制撤销。

源流如下。

→2018年9月，与天华建筑工程有限公司合并，变更为"湖北工建集团"下辖的天华建筑工程公司，原"湖北工建集团"土木建筑工程有限公司的建制撤销。

25. 湖北工程机械厂、湖北众利工程机械有限公司

湖北工程机械厂由原"湖北工建总承包集团"下辖的湖北工程机械厂变更而来，后经改制变更为"湖北工建集团"湖北众利工程机械有限公司。

源流如下。

→2008年，"湖北工建集团"湖北工程机械厂改制，变更为"湖北工建集团"湖北众利工程机械有限公司。

26. 湖北工建钢结构有限公司

湖北工建钢结构有限公司由原"湖北工建集团"工业设备安装公司下辖的金属结构容器厂变更而来，并且可追溯到原"湖北工建总公司"工业设备安装公司下辖的金属结构容器厂。

源流如下。

→"湖北工建总公司"工业设备安装公司成立金属结构容器厂。

→变更为"湖北工建总承包集团"工业设备安装公司下辖的金属结构容器厂。

→2002年，"湖北工建总承包集团"工业设备安装公司、"湖北工建总承包集团"和自然人股东共同出资，在"湖北工建总承包集团"工业设备安装公司下辖的金属结构容器厂的基础上，成立湖北工建钢结构有限公司，隶属于"湖北工建总承包集团"工业设备安装公司。

→2009年，在湖北工建钢结构有限公司进行股权变更时，"湖北工建集团"安装工程有限公司退出，湖北工建钢结构有限公司成为"湖北工建集团"的直辖单位。

27. 湖北省工业建筑学校

湖北省工业建筑学校由原"湖北工建总承包集团"下辖的湖北省工业建筑学校变更而来。

参考文献

[1] 陈东林. 三线建设：备战时期的西部开发[M]. 北京：中共中央党校出版社，2003.

[2] 陈会君，向延昆，朱国强. 他们开荒建设了二汽——昔日的"102"人，你们在哪里[N]. 湖北日报，2018-10-19（14）.

[3] 陈剑文. 奋斗——改革开放40年湖北印记[M]. 武汉：湖北人民出版社，2019.

[4] 方卿. "三线建设"企业"军转民"孕育的精神、经验与范式启迪——以"湖北工建"为例[J]. 中国军转民，2022（7）：50-52.

[5] 郭守玉. 变迁（上、中、下册）[M]. 北京：中国文化出版社，2014.

[6] 何郝炬，何仁仲，向嘉贵. 三线建设与西部大开发[M]. 北京：当代中国出版社，2003.

[7] 今冬. 总公司举办"工建杯"歌咏比赛[N]. 湖北工建报，1995-9-30（1）.

[8] 柯善北，黎洪水，邹斌，等. 湖北工建：耕云播雨谱新歌[J]. 中华建设，2013（1）：74-77.

[9] 李彩华. 三线建设研究[M]. 长春：吉林大学出版社，2004.

[10] 李富春，薄一波，罗瑞卿. 关于国家经济建设如何防备敌人突然袭击问题的报告[J]. 党的文献，1995（3）：33-35.

[11] 李孟，向延昆，宁宏伟，等. 发挥铁军作风 彰显工建速度——湖北工建基础设施事业部打造高效项目侧记[J]. 中华建设，2019（11）：25-28.

[12] 林永俊，向延昆. 传承红色基因 构筑全产业链 深耕"一带一路"：初心如磐 攻坚进取写华章[N]. 楚天都市报，2019-8-29（A25）.

[13] 刘光辉. 湖北工建：变革图强 砥砺奋进 迈向一流[J]. 建筑，2019（14）：67-68.

[14] 刘光辉. 湖北工建：打造"四有企业" 炼就荆楚铁军[J]. 建筑，2019（22）：72-74.

[15] 刘诗雯. "三线建设"时期内迁职工的精神风貌研究——以102工程指挥部的内迁职工为例 [D]. 武汉：华中科技大学，2022.

[16] 刘婷. 浅析深化国有企业改革的必要性 [J]. 中国集体经济，2012 (16)：72-73.

[17] 刘振乾. 中国人民解放军八个建筑师简史——纪念建筑工程部队集体转业五十周年 [J]. 城建档案，2002 (2)：41-45.

[18] 内蒙古自治区档案馆. 绥远"九一九"和平起义档案史料选编 [M]. 呼和浩特：内蒙古人民出版社，1986.

[19] 倪同正. 三线风云：中国三线建设文选 [M]. 成都：四川人民出版社，2013.

[20] 彭一苇，向延昆. 湖北工建董事长刘光辉——老牌国企如何焕发新春 [N]. 湖北日报，2018-5-31 (4).

[21] 尚伏雨. 国有企业存在的问题与改革的必要性 [J]. 北方经贸，2000 (1)：19-20.

[22] 习近平. 在瞻仰上海中共一大会址和浙江嘉兴南湖红船时的讲话 [N]. 人民日报，2017-11-1 (1).

[23] 向延昆，卢君晨. 湖北工建：深度融入企业"价值链"重塑102红色基因"荣光" [J]. 建筑，2019 (10)：63-65.

[24] 向延昆. 湖北工建打造建筑行业"全产业链"——"三商合一"助建筑国企"再出发" [N]. 湖北日报，2019-6-14 (16).

[25] 向延昆. 湖北工建：在国家和地区重大战略中展现"国企担当" [N]. 湖北日报，2019-12-9 (16).

[26] 向延昆，吴文杰，魏莱. 传承红色基因 打造建筑铁军——写在湖北工建成立69周年之际 [N]. 中国建设报，2019-12-3 (2).

[27] 向延昆，朱国强. 筚路蓝缕建功新时代 务实担当筑梦百年企业——湖北省工业建筑集团有限公司的涅槃与寻梦 [N]. 湖北日报，2018-12-18 (16-17).

[28] 向延昆，朱国强，卢君晨. 传承"102"红色基因 建世界精品工程——湖北工建：打造全省参与"一带一路"建设的领先企业 [N]. 湖北日报，2018-10-19 (23).

[29] 佚名. 传承红色基因 崛起建筑铁军——湖北工业建筑集团转型升级观察 [N]. 湖北日报，2018-1-24 (20).

[30] 佚名. 中国共产党第十六次代表大会在京开幕 [N]. 人民日报，2002-11-08 (1, 4).

[31] 中国人民政治协商会议,湖北省十堰市委员会文史和学习委员会.十堰文史(第十五辑):三线建设"102"(上、下册)[M].武汉:长江出版社,2016.

[32] 周艳平,朱国强,陈书秀.国有企业的中坚力量——记前进中的湖北工建[J].中华建设,2009(12):174-177.

后 记

作为一家几乎与中华人民共和国同龄的老牌国企，湖北省工业建筑集团有限公司（以下简称"湖北工建"）历史悠悠、硕果累累、人才济济，留下了漫漫印迹。其中，既有企业自身留存的大量内部会议记录、经营活动记录、组织生活记录等，又有职工自发撰写的众多回忆性文章、专著等，还有十堰、襄阳等地档案馆保存的诸多相关档案。书稿的撰写主要依托这些书面材料，同时也结合了实地调研获取的第一手资料。我们亲赴天津、包头、十堰、襄阳等"湖北工建"曾经奋战过的地方，抚今追昔，遥想当年，还与当地的新老职工深入恳谈。正因如此，我们收集了丰富的文字、语音、图片等研究资料，同时也不得不花费大量的时间和精力进行整理、筛选。及至撰写书稿时，又恰逢新冠肺炎疫情发生，由此，本书的出版一直迁延至今。

本书由时任华中科技大学文科处处长、华中科技大学人文学院书记的刘久明先生牵头，具体由我负责组织调研、确立框架、分配章节、修改书稿和统稿编定。全书是师生合作、校企合作的成果，撰写分工如下。各节、各点、各小点之前的引语：徐旭；引言：方卿、徐旭；第一章第一节：吴首亿、徐旭；第一章第二节第一点：刘倩文；第一章第二节第二点：刘广野、刘倩文；第一章第三节：刘诗雯、杨迪、汪楚琪、何锦秀、李亦男、郑辰飞、钟子晗；第一章第四节：刘倩文、徐旭。第二章第一节：吴首亿、徐旭；第二章第二节第一点之（一）：高晨阳；第二章第二节第一点之（二）（三）：吕珂；第二章第二节第二点：方圆、杜敏；第二章第三节：刘诗雯、何锦秀、李亦男、郑辰飞、钟子晗、王艺琳；第二章第四节：刘倩文；第三章第一节第一点：吴首亿、方卿；第三章第一节第二点：吴首亿；第三章第三节：刘诗雯、冷迪野、郑辰飞、钟子晗；第三章第四节：刘倩文、徐旭。第三章第一节第一点：吴首亿、方卿、徐旭；第三章第一节第二点：吴首亿、徐旭；第三章第二节第一点：何锦秀；第三章第二节第二点：吴首亿；第三章第三节：刘诗雯、冷迪野、郑辰飞、钟子晗；第三章第四节：刘倩文、徐旭。第四章第一节第一点：吴首亿、徐旭；第四章第一节第二点之（一）前：吴首亿、吕珂、徐旭；第四章第一节第二点之（一）：吴首亿、吕珂；第四章第一节第二点之（二）（三）：吕珂；第四章第二节第一点之（一）：吴首亿；第四章第二节第一点之（二）：冷迪野、何锦秀；第四章第二节第一点之（三）：冷迪野；第四章第二节第二点之（一）（三）：冷迪野；第四章第二节第二点之（二）：冷迪野；第四章第三节：吕珂、刘诗雯；第四章第四节：刘倩文、徐旭；结语：刘诗雯、徐旭。附录：徐旭、郭迪明。此外，杜利霞、胡贝、王梓璇、段媛媛、郭浩南、徐杰、丁自军、李蒋强、乔哲、肖运芳、张小庆、胡小曼、蔡明芮、汤静怡、吴奇凌、肖雨萌、叶海娟、甘淑云等人都曾撰写初稿，但因全书体例所限未能采用，深表抱歉！上述人员以及谭刚毅、徐利权、陈国栋、何三青、王欣怡等师生，都参与了实地调研或资料整理工作。

  本书的出版，离不开"湖北工建"给予的大力支持，尤其是企业领导和相关部门负责人曾多次陪同我们奔赴各地深入调研、安排访谈、查找文档等。事实上，无论是前期的实地调研、口述访谈、资料收集，中期的立意研讨、框架搭建、初稿撰写，还是后期的书稿审读、修改校对、提交出版，"湖北工建"都鼎力相助。刘久明先生的研究生吴首亿和我的研究生刘诗雯、刘倩文，为本书的撰写做了大量的辅助性工作。尹菁华、郭迪明曾先后通读初稿，并提出不少修改意见。本书的相关编辑除逐字逐句地认真审校书稿外，还为本书的出版多方协调，劳心劳力。衷心感谢以上单位和个人！

  本书的出版得到了中央高校基本科研业务费资助项目"三线建设建成遗产保护及活化策略"（项目批准号：2021WKZDJC006）、国家自然科学基金"基于'人—物—法'关联的我国三线建设的现代建筑营建与现代性嵌入研究"（项目批准号：52278018）、教育部人文社科青年基金"多维视角下三线建设规划建设史研究：以鄂西地区为例"（项目批准号：20YJCZH192）、温州理工学院马克思主义学院出版基金的资助，特此鸣谢！

  诚然，我们已经竭尽所能地多方考证资料、多次去芜存精、多遍审校书稿，但仍难免错讹之处。我们衷心希望读者能够给予批评和指正！

徐 旭

2023年12月于瑞安

102之歌

词：郭迪明、杨怡、黄慧民
曲：加云柯

1=C 4/4
♩=60

（乐谱略）

你是一本书，厚重而沧桑，七十余年风雨兼程
你是萤火虫，微微发着光，迈步进入新的时代

扎根三线卸下戎装。你是一首歌，嘹亮而悠扬，
辉映中国五百强。你是蒲公英，怀揣着梦想。

一〇二如跳动的音符，红色基因在传唱。你
我们昂首奔赴中国梦，绽放青春向远方。

在神州辽阔大地，是不可或缺的力量，你从

北疆来到南方，时光记叙铁军模样。

你在坚守忠诚奉献，攻坚进取是你荣光。你

让建筑成为经典，名副其实能工大匠。

其实能工大匠。你心中不变的信仰，

承载奋进的希望。

Fine